초등생의 수학
학부모의 계획

수학은 어느 날 갑자기 잘할 수 없습니다

초등생의 수학
학부모의 계획

김수희 저

초등생 엄마이자 현직 중등 수학 선생님

사람in

대학 입학 후 수학 과외 강사를 시작해 지금까지 20여 년을 교직에 있으면서 중1부터 고3까지 모든 학년의 아이들과 다양한 성적의 아이들을 만났습니다. 고3 담임을 하면서는 수학 때문에 눈물 흘리시는 부모님들도 많이 만났습니다. 그분들의 이야기를 듣고, 학생들과 상담을 하면서 잘못된 수학 교육의 방향성이 고3 끝에 오면 뼈저린 후회의 눈물로 남는다는 것을 깨달았습니다. 그러면서 수학 교육의 방향성에 대해 깊은 고민을 시작하게 되었습니다.

그러다 딸이 초등학교에 입학하고부터 거의 3년 동안 초등 전 학년 수학 교과서를 분석하고, 300권 이상의 초등 부모 교육서를 읽었습니다. 딸에게 진짜 수학을 가르쳐 주고 싶었고, 고3이 되었을 때 수학 때문에 눈물 흘리지 않기를 바라는 마음으로 초등 수학 교육의 방향성과 수능 수리 1등급을 받는 초등 수학 공부법을 정리했습니다. 이 책은 그런 과정 속에서 평범한 제 딸에게 실제로 적용한 초등 수학 교육 이야기입니다.

아이와 뉴욕의 타임스 스퀘어를 여행할 때인데요. 아이 손을 잡고 식당을 찾아 30분을 헤매고 다니다 짜증과 불안이 올라오기 시작한 순간, 아이 얼굴을 보고 깜짝 놀란 적이 있습니다. 아이는 엄마가 헤매는 것도, 같은 지점에 여러 번 온 것도 모르고 해맑게 웃으며 따라오고 있었습니다. 그때 느꼈죠. 엄마의 방향성이 얼마나 중요한 것인지, 엄마를 믿고 있는 아이를 위해 제대로 된 길을 고민하는 것이 얼마나 필요한지를요.

제가 이 책을 쓰는 이유는, 아이의 수학 교육, 특히 초등 수학 교육을 어떻게 해야 할지 고민이 많은 부모님들께 조금이나마 도움이 되고 싶어서입니다. 소중한 우리 아이들과 수학 교육 때문에 잠 못 이루시는 부모님들을 위해 수학과 함께한 제 삶의 여정을 함께 나누고 싶습니다. 타고난 문장가는 아니지만, 제 영혼을 담아 진실되게 이 책을 썼습니다. 먼 훗날 제 유골함 옆에 함께 간직하고 싶은 한 점 부끄럼 없는 책이 되기를 소망합니다.

이 책을 쓰는 데 정말 많은 분들이 도움을 주셨습니다. 제가 글을 쓸 수 있도록 이끌어 주신 윤지영 선생님과 그린벨트 멤버들이 가장 먼저 떠오릅니다. 인터넷의 바다에서 제 글을 발견해 주신 김현 편집장님께도 깊은 감사를 드립니다. 글 쓴다며 밥도 안 해 주는 아내를 따뜻하게 이해해 준 남편과 이 글을 세상에 태어나게 해 준 제 딸에게 무한한 사랑을 전합니다. 그리고 제가 지금 이 자리에 있을 수 있는 모든 이유인 제 어머니에게 이 책을 바칩니다.

고3 엄마의 눈물

"어머니, 어서 오세요. 바쁘신데 시간 내 주셔서 감사해요."

"선생님, 제가 어젯밤에 한숨도 못 잤어요. 예진이 수학 점수를 보고 하늘이 무너지는 것 같아요. 어떡해야 할까요? 수학 점수가 이 모양이니 원하는 대학도 못 가고. 차라리 어디 가서 죽고 싶은 심정이에요."

예진이는 고등학교 1학년 때 저를 담임으로 만났고, 3학년이 되면서 다시 우리 반이 된 학생이었습니다. 1학년 때는 반에서 5등 안에 드는 우등생이었는데, 3월 모의고사에서 수학 점수가 60점을 밑돌았습니다. 기대가 컸던 학생이라 저는 어머니와 상담을 통해 점수 하락의 이유를 찾고 싶었습니다.

"예진이가 어렸을 때부터 수학머리가 좋다는 말을 많이 들었어요. 그런데 제가 늘 바쁘다 보니 공부 챙겨 주기가 힘들어서 주변에서 좋다는 수학 학원을 초등학교 때부터 보냈어요. 학원 숙제가 많아서 힘들어하기는 해도 성적도 잘 나오고 불평도 없길래 잘하고 있는 줄 알았죠. 그런데 고2 되면서 내용들이 어려워지니까 그냥 놔 버리더라고요. 어려워도 혼자 붙잡고 하려는 마음이 전혀 없어요. 고1 때까지는 학원에서 떠먹여 준 내용들로 버티더니 막판에 오니까 이렇게 무너지네요. 우리 예진이 인서울은 할 수 있을까요? 이럴 줄 알았으면 학원만 믿지 말고 진작에 좀 신경을 쓸걸, 너무너무 후회돼요."

이 말을 들으며 저는 참 가슴이 아팠습니다. 최선을 다해 교육시켰으나, 막상 와 보니 잘못된 길이라는 것을 알았을 때 되돌릴 수 없다는 게 얼마나 한탄스러울까요? 아이가 처음 출발선에 섰을 때 제대로 된 종착점을 고민하지 못하셨던 고3 부모님들의 눈물을 저는 많이 봤습니다. 그분들이 자기 아이가 예진이처럼 될 거라고 예상하셨을까요? 그러나 안타깝게도 고3 교실에는 이런 학생들이 늘어만 가고 있습니다.

고등학생 아이를 둔 부모님들의 눈물 속에서 제가 배웠던 깨달음들을 이 책을 통해 초등 부모님들과 함께 나누고 싶습니다. 고3의 자리에서 바라보니 뚜렷하게 잘 보였던 초등 수학 교육의 길을 내비게이션처럼 정확하게 안내해 드리겠습니다. 그래서 우리 초등 아이들이 고3이 되는 날, 그간의 노력이 헛되지 않았다며 행복하게 웃을 수 있기를 기대합니다.

차례

PART 1 왜 아이들은 수포자가 되는가?

1장 중등 수학 교실의 현실

2장 수학을 망치는, 초등생 90%의 수학 공부 실태

PART 2   초등 수학의 출발선과 종착점 로드맵

PART 3   수능 1등급으로 이어지는 초등 수학 선행의 핵심 3

2장 초등 수학의 선행 핵심 2 실생활 수학

현직 교사에게 묻다 초, 중, 고 수학의 차이는 무엇일까요? 270

3장 초등 수학의 선행 핵심 3 성취감 수학

현직 교사에게 묻다 계산에서 자꾸 실수하는 아이, 어쩌죠? 312

왜 아이들은
수포자가 되는가?

초등 부모에게 고하는
수학 공부의 미래와 현실

중등 수학 교실의
현실

10분간의 아쉬운 쉬는 시간이 끝나고 왁자지껄한 교실로 들어서면 그제야 모둠을 만드는 아이, 교과서가 없다고 찾으러 다니는 아이, 종이 벌써 쳤냐며 눈이 휘둥그레지는 아이 등 여러 아이들을 만나게 됩니다. 여러분의 중학교 수학 시간은 어떠셨나요? 아마, 제가 매일 만나는 학생들과 큰 차이는 없었을 겁니다. 항상 반에는 빛나는 일등이 있고, 성격 좋은 꼴찌도 있었을 겁니다.

일주일에 네 시간씩 다섯 반 수업을 들어가 보면 수업 분위기는 조금씩 달라도 반마다 늘 존재하는 다른 태도의 학생들이 있습니다. 내 수학 수업에 함께해 줘서 고마운 학생부터 수업에 들어가기 싫게 만드는 학생까지 다양합니다. 많은 학생들을 보면서 나중에 우리 아이는 교실에서 어떤 모습일까 궁금하곤 했습니다. 여러분도 궁금하시죠? 일 년에 한 번 볼 수 있는 준비된 참관 수업 때의 모습이 아니라, 진짜 아이들의 모습을 알려 드리고 싶었습니다. 그래서 지금부터 중등 수학 교실에 있는 다양한 학생들의 대표적인 모습을 보여드리려고 합니다. 초등학생인 여러분의 아이는 중학교에 가면 누구와 가장 닮은 모습일 것 같나요?

수학 시간에
빛나는 서현이

　　　　　　　　　　　　　서현이는 수업이 끝나고 교실문
을 나설 때마다 좀 더 가르치고 싶어서 쉽게 발걸음을 떼지 못하게
하는 학생입니다. 제가 교실문을 열고 들어가서 나오는 순간까지
한시도 제게서 눈을 떼지 않습니다. 눈빛도 다르고, 새로운 개념을
가르쳐 주면 감탄하며 알아가는 모습에 수업할 맛이 절로 납니다.
수업 중 궁금한 건 쉬는 시간에 와서 질문합니다. 모둠 활동을 할
때면 자신이 아는 것을 친구들에게 친절하게 가르쳐 주고, 자신이
푼 방식이 틀렸어도 친구들 앞에서 용기 있게 자기 생각을 발표합
니다. 서현이의 수학 수행 평가 포트폴리오 자료를 보면 수학에 대
한 깊이와 열정에 감탄합니다. 지필 평가 점수도 매우 높습니다. 사
실 서현이 같은 학생들은 반에 많아야 두세 명 정도밖에 안 되는 것

이 현실입니다.

어떻게 하면 서현이처럼 잘 자랄 수 있는지 궁금했는데, 학교에서 개최하는 학부모 연수에서 서현이 부모님을 만나 뵐 수 있었습니다. 특이하게 두 분이 함께 오셨더라고요.

"오늘 남편이 쉬는 날이라 같이 왔어요. 저희 둘 다 배우는 걸 좋아하는데 서현이 학교에서 이런 좋은 연수를 들을 수 있어서 참 감사하네요."

"서현이 부모님이 어떤 분이신지 늘 궁금했어요. 어떻게 하면 서현이처럼 반듯하게 잘 자랄 수 있는지요."

"저희가 해 준 게 별로 없어요. 서현이가 워낙 스스로 자기 일을 잘 챙겨서 하다 보니 저희는 고맙기만 하죠."

"서현이는 혼자 공부하는데, 어려운 부분이 있으면 저도 옆에서 같이 공부하면서 이야기를 많이 나눴던 것 같아요. 서현이가 복습할 때, 제가 모르는 것을 질문하면 설명도 잘해 줘요. 우리 선생님께서 워낙 설명을 잘해 주셔서 그런가 봐요."

기분 좋은 칭찬에 함박 웃으면서 서현이 어머니의 다음 말씀을 듣고, 저는 서현이 수업 태도의 비결을 조금은 알 것 같았습니다.

"서현이가 초등학교 입학할 때 아이와 약속한 게 하나 있는데요. 수업 시간에 꼭 선생님과 눈맞춤하기였어요. 그래서 그런지 초등학교 때부터 선생님들께서 늘 예뻐해 주신 것 같아요. 정말 감사한 분들이세요."

그날 이후로 저는 학교에서 돌아온 딸에게 묻곤 합니다.

"오늘 선생님과 눈맞춤 잘했어?"

수학이 싫어서
입을 다문 정민이

정민이는 수업 시간에 목소리를 듣기 힘든 학생입니다. 선생님이 질문할 때도, 모둠 활동에 참여할 때도, 자기 생각을 발표할 때도 정민이는 쉽게 입을 열지 않습니다. 빨리 수업이 끝나길 바라는 마음으로 저를 쏘아봅니다. 정민이와 눈이 마주칠 때면 어서 수업을 끝내고 교실에서 달아나고 싶습니다. '정민이 성격이 내성적인가?', '내가 무슨 실수를 했나?' 온갖 생각들로 교사로서의 자존감이 바닥을 칠 때까지 참다가 결국 정민이를 교무실로 불러 조심스레 물어보았습니다.

"정민아, 수학 시간에 불편한 점이 있니? 도통 말을 안 해서 선생님이 실수한 게 있나 궁금해서 불렀어."

"앗, 선생님. 아니에요. 저 선생님은 좋아요."

"선생님은 좋아? 다행이네. 그럼 누가 싫어?"

"전 수학이 세상에서 제일 싫어요. 수학 수업이 있는 날은 아침부터 짜증이 나요. 대체 수학을 왜 배우는지 모르겠어요. 쓸모도 없고, 재미도 없고. 유치원 때부터 문제집만 백날 풀다 보니 이젠 수학 수업 시간도 없애 버리고 싶어요. 지금까지 찢은 문제집만 열 권이 넘어요."

정민이가 말을 잘하는 아이라는 걸 그때 처음 알았습니다.

"그랬구나. 그렇게 싫으면 수학 문제집 안 풀면 안 돼?"

"엄마가 가만 안 놔둘걸요. 해라해라 하면 더 하기 싫어지는 걸 우리 엄마는 몰라요. 학원도 억지로 가는데 돈만 아까워요. 수학이 더 싫어진 건 엄마 때문이에요. 제가 문제 하나 실수할 때마다 완전 대폭발. 학생이니까 공부해야 하는 건 알겠는데, 재미있게 공부하는 법은 아무도 안 알려 줘요. 그냥 꾹 참고 공부만 하래요. 그게 진짜 공부인가요?"

진짜 공부를 묻는 날카로운 질문에 저는 정민이가 무척 똑똑한 아이라는 걸 느낄 수 있었습니다. 사실, 많은 유형의 문제를 숙달한 덕분인지 정민이의 지필 평가 점수는 높았습니다. 하지만 적극적으로 참여해야 하는 수행 평가 점수는 최하위권이었습니다. 정민이가 언제까지 버티며 갈 수 있을지, 고등학교 수학 성적이 심히 걱정스러웠습니다. 똑똑한데 똑똑한 방법으로 수학을 공부하지 못해 입을 닫아 버린 수많은 정민이가 지금 중등 수학 교실에서 선생님을 쳐다보고 있습니다.

수학 수업을 흘려듣기하며
대강 공부하는 효진이

효진이는 제가 교실문을 열고 들어갈 때마다 가장 활달하게 인사해 주는 학생입니다. 효진이의 밝은 표정은 제가 수업을 시작할 수 있는 힘을 주지요. 그러나 효진이는 제가 수업을 시작함과 동시에 수학 흘려듣기의 세계로 빠져듭니다.

"효진아, 무슨 생각해? 선생님 말 듣고 있니?"

"저 학원에서 무리수의 계산 들어갔어요. 유리수는 알아요."

"우와, 그럼 효진이가 음수랑 음수를 곱하면 왜 양수가 되는지 설명해 줄래?"

"그건, 그냥 그렇게 외우는 거 아니에요?"

중등 수학 교실에서 절반 이상의 학생들이 효진이처럼 대충 수학 용어를 들어본 기억으로 자신이 알고 있다고 착각합니다. 그래서 수업 시간에 집중하지 않습니다. 그러나 알고 있는 게 아니라서 내용을 설명할 수 없고, 심화 문제를 풀지 못합니다. 하루에 가장 많은 시간을 수학 공부에 할애하지만, 학년이 올라갈수록 수학 점수에 좌절하게 됩니다.

그래도 효진이는 모둠 활동이 즐겁기만 합니다. 이런저런 수다를 떨 수 있는 절호의 기회가 생기고, 모둠 활동지의 문제들은 누군가가 적은 걸 보고 베끼면 되니까요. 스스로 고민해서 해결한 문제가 아니기에 한 번도 앞에 나와서 발표할 생각은 하지 못합니다. 진지한 호기심과 앎에 대한 열의가 없기 때문에 선생님께 굳이 질문하는 일도 없습니다.

실생활에서 찾아볼 수 있는 정비례와 반비례 사례를 조사해서 수행 평가지를 작성할 때의 일입니다. 한 달 전에 수행 평가를 공지하고 미리 준비하라고 여러 번 강조했는데도, 효진이의 수행 평가지는 인터넷에서 급하게 다운받은 자료를 암기한 내용들이었습니다. 수행 평가 내용을 고민한 흔적도, 준비를 위한 정성도 없었습니다. 결국 수행 평가 점수도 엉망이었습니다.

효진이는 학원에 다니지만, 수학 공부 때문에 다닌다기보다 친구를 만나러 가는 것이 더 큽니다. 거기서 수학 개념을 대강 흘려들고, 문제집 대충 풀고, 빠른 속도로 선행 진도를 나가죠. 많은 학생들이 효진이처럼 수학 공부에 정성을 쏟지 않습니다. 절실한 공부 동기가 없기 때문입니다. 결국 낮은 수학 성적으로 좌절하게 되는 효진이 같은 학생들이 중등 수학 교실에 많습니다.

수학 수업을
포기할 수밖에 없는 건희

　　　　　　　　　　　　　　　건희는 제가 교실문을 열고 들어
갈 때마다 엎드려 자고 있는 학생입니다. 학생들이 수업 준비를 할
동안, 제가 건희를 큰 소리로 부르며 등을 일으켜 세워 주면 그제서
야 게슴츠레한 눈을 비비며 저를 바라봅니다.

　　"건희야, 오늘 미션은 엎드리지 않기. 학습지 1장 풀기."

　　오늘 학습 주제는 '유리수의 나눗셈'이지만, 건희에게는 '분수의
계산' 학습지를 따로 배부합니다. 물론 수업 중에 엎드려 자는 건희
를 처음 보았을 때, 저는 분노했습니다. '선생님께서 열변을 토하며
수업하시는데 감히 책상에 엎드려 자다니.' 하고 말이죠.

수업이 끝나고 전 건희를 불러 수업 태도에 대해 차가운 말투로 훈화를 시작했습니다. 그런데 고개를 숙이고 가만히 듣고 있던 건희의 목소리에 저는 가슴이 먹먹해지고 말았습니다.

"선생님, 저도 열심히 수업도 듣고 발표도 하고 싶어요. 근데 들어도 무슨 말인지 모르겠고, 문제도 어떻게 푸는지 모르겠어요. 수학 시간만 다가오면 사물함에 숨고 싶어요."

건희는 초등학교 때 배운 분수의 곱셈과 나눗셈을 제대로 계산하지 못했습니다. 초등 수학에 결손이 있던 건희는 당연히 중등 수학을 잘하고 싶어도 할 수가 없었던 거죠. 등을 펴고 당당하게 수업을 듣고 싶지만, 엎드릴 수밖에 없는 건희의 고통스러운 심정이 고스란히 전해져 왔습니다.

설마 우리 아이는 안 그럴 거라고 생각하시겠지만, 건희 같은 아이들이 한 반에 적어도 서너 명은 있습니다. 부모님의 방치로 초등 수학 공부가 전혀 되어 있지 않은 아이부터, 부모님의 성화로 초등 수학 공부에 질려서 아예 수학을 놓아 버린 아이까지 이유는 다양합니다. 초등을 지나서 저에게 온 아이들을 제가 어찌할 수 없는 현실이 안타깝기만 합니다. 이 아이들은 어쩌다 수학에서 길을 잃게 되었을까요? 초등 수학 공부의 잘못된 길은 무엇이었을까요?

지금 수학이랑 부모 세대의 수학은 어떻게 다르죠?

이 책을 보시는 초등 학부모님의 연령대가 평균 40대 초중반임을 감안해 볼 때, 여러분이 치렀던 초창기 수능에 비해 현재 수능의 문항 신뢰도와 타당도는 많이 높아졌습니다. 그러나 어려운 수능은 수학 사교육을 조장한다는 비판을 의식해서인지 난도는 크게 높아지지 않았습니다. 게다가 2015개정 교육과정으로 현재 초등학생들은 기존보다 훨씬 더 경감된 학습량으로 수능 시험을 치르게 됩니다. 킬러 문항이라고 하는, 변별력을 위한 문제 한두 개는 조금 더 어려워졌지만, 부모 세대의 수능과 큰 차이는 없어 보입니다. 다만, 수능 영어가 절대평가로 전환되면서 수학에 쏠린 관심은 교육 마케팅과 맞물려 현재 유초등 수학 교육 및 수학 선행 붐을 이끌고 있습니다.

그런데 부모 세대의 수학과 아주 크게 달라진 것이 있습니다. 바로 학교 수업입니다. 2000년대 초반만 해도 선생님이 분필가루 날리는 칠판 앞에서 한 시간 내내 목이 터져라 설명을 했습니다. 지금은 이렇게 수업하면 한두 명만 듣습니다. 아이들이 달라진만큼 학교도 변화해야 했습니다. 그렇다면 학교 수업은 어떻게 바뀌었을까요?

변화 1: 학생 참여형 수업

저는 모든 수업을 수학실에서 모둠으로 진행합니다. 그날 배울 학습 내용을 간단히 소개한 후 활동지를 배부합니다. 학생들은 활동지를 보며 모둠별로 수학 활동을 하고, 각자의 생각을 나누면서 활동지 질문들을 채워 갑니다. 그 후 각 모둠별로 나와서 자기들이 발견한 수학적 사실과 활동 소감을 발표합니다. 저는 일방적으로 설명하는 강의식 수업이 아니라, 학생 스스로 발견하고 논리적인 생각의 흐름을 이어 나갈 수 있도록 돕는 역할을 합니다. 학생 참여가 늘어나면서 수행 평가 비중도 확대되었습니다. 우리 때는 시험 잘 보는 학생들이 좋은 성적을 받았지만, 지금은 지필 평가와 수행 평가 비중이 50:50인 학교가 많습니다. 즉, 중간고사와 기말고사 모두 만점을 받아도 지필 평가 최고점은 50점입니다. 나머지 50점은 모둠 활동, 활동지, 발표 같은 학생 참여도를 고려한 수행 평가로 채워집니다. 수학일기 쓰기, 인생 그래프 그리기처럼 실생활에서 수학을 발견할 수 있는 활동으로 수행 평가가 이뤄지기도 합니다.

변화 2: 교사들의 교육과정 재구성

교과서 순서대로 수업을 진행하는 것이 아니고, 교사 공동체의 협의를 통해 교육과정을 재구성해서 수업을 진행합니다. 다른 교과와 융합 수업을 진행하고, 같은 과목 교사와 합반 수업을 하기도 합니다. 한 단원을 선정해서 전 학년이 프로젝트 수업을 진행하기도 합니다. 수업한 내용을 바탕으로 지필 평가를 출제하기 때문에 수업에 적극적으로 참여하지 않으면 좋은 성적을 받을 수 없습니다. 해마다 수업 구성이 달라지기 때문에 작년 기출문제를 공부하거나, 수학 문제집을 열심히 풀었다고 해서 시험을 잘 볼 수 있는 게 아닙니다. 지필 평가 주관식 논술·서술형에서는 답이 정해져 있는 것이 아니라, 자신의 생각을 기술하는 문항들도 출제되기 때문에 이전보다 수학에 대한 흥미와 자신감이 훨씬 더 중요해졌습니다.

그러나 시대가 바뀌어도 변하지 않는 수학 공부의 본질은 '스스로 수학을 만지고, 생각하고, 문제를 해결하는 것'입니다. 우리 아이를 잘 관찰하시고, 스스로 수학 공부를 할 수 있는 힘을 키워 주세요. 그 방법을 이 책에서 알려 드리겠습니다.

수학을 망치는,
초등생 90%의 수학 공부 실태

1장에서 중등 수학 교실에 있는 다양한 학생들의 모습, 잘 살펴 보셨나요? 여러분의 자녀가 서현이처럼 수업 시간에 빛나는 학생으로 자란다면 정말 뿌듯할 것입니다. 저에게 서현이는 참 고맙고 대견한 학생입니다. 그러나 교사로서 건희와 효진이, 정민이에게 더 마음이 가는 게 사실입니다. 사랑스런 우리 아이들에게 행복한 시간을 선물하지는 못할지언정, 고통스러운 시간을 버티는 모습을 바라보는 건 참 가슴 아픈 일입니다.

초등 때 대체 무슨 일이 있었길래 중등에 와서 수학 시간이 이리 힘든 것일까요? 잘못된 초등 수학 공부의 지점을 찾아야 중등 수학 공부의 새로운 시작점을 알 수 있기에 전 아이들과 참 많은 대화를 나누었습니다. 그리고 그 속에서 공통되는 몇 가지를 발견했습니다. '당연히 초등 때 이 정도는 했겠지', '수학 공부하는 이 정도의 방법은 알겠지'라고 생각했던 기대가 무너지며, 사태의 심각성을 학부모님들께도 알려 드려야겠다고 생각했습니다. 혹시 우리 아이가 다음에 나오는 내용 중 하나라도 해당된다면, 즉시 초등 수학 공부의 잘못된 길에서 빠져 나오시기 바랍니다.

교과서 복습을 해 본 적이
없는 아이들

이등변삼각형의 성질을 증명해
야 하는 중등 수업 시간에 이등변삼각형의 정의를 모르는 학생들을
볼 때마다 전 초등 수학 공부에 물음이 생겼습니다.

'초등학교 때 수학 공부를 어떻게 했길래 이걸 모를까? 분명히
수업 시간에 배웠을 텐데 왜 이렇게 결손이 생기지?'

수많은 수포자들과 이야기를 나누고, 학생들을 가르치는 과정에
서 저는 그 답을 찾을 수가 있었습니다. 수포자들의 공통점은 놀랍
게도 '교과서 복습'을 단 한 번도 해 본 적이 없는 아이들이었습니
다. 수학은 오늘 걷지 않으면 내일 뛸 수 없는 과목이라 반드시 오
늘 배운 내용은 오늘 교과서로 복습하고, 개념을 자기 것으로 만드
는 시간이 필요합니다. 그렇지 않으면, 내일 배우는 내용은 장기 기

억 속에 차곡차곡 쌓이지 못하고, 머릿속에 둥둥 떠다니게 됩니다. 이곳이 바로 수포자가 되는 지점입니다. 요즘 아이들, 굉장히 바쁘죠. 이 바쁜 일상에서 '교과서 복습'이란 가장 중요한 것이 참 사소해 보입니다. 그러나 그 사소함이 정말 필요했다는 것을 고3 끄트머리에 가면 느끼게 되는 순간이 옵니다. 성적이 높은 학생들은 최소의 시간으로 최대의 효과를 얻는 공부를 합니다. 저는 초등 때 교과서 복습 시간 10분을 투자하지 않아서, 고등 때 수업 시간 50분을 포기해야 하는 안타까운 학생들을 많이 만났습니다. 3부에서 자세하게 다루겠지만, 교과서는 학생들이 그날 배운 내용을 정리하는 데 가장 효율적인 도구입니다.

저희 딸은 학교에서 돌아오면 간식을 먹은 후 바로 그날 배운 과목 복습을 시작합니다. 저는 수학 교과서에 필기된 내용을 보면서 그날 아이의 수업 태도를 그려 볼 수 있습니다. 아이의 수학 실력이 부족해서 쉬운 교과서로 복습을 하는 것이 아닙니다. 교과서로 복습을 하는 것이 가장 똑똑한 공부법이라는 것을 알기 때문입니다.

혹시 아이들 수학 교과서를 들춰 보신 적이 있으세요? 오늘부터는 꼭 아이가 수학 교과서로 복습할 수 있는 환경을 만들어 주세요. 교과서를 복습하는 구체적인 방법은 3부를 참고하시면 됩니다. 부모님이 조금만 노력해 주세요. 수포자가 된 아이를 바라보는 고통보다 교과서 복습을 함께하는 수고로움이 훨씬 더 나을 것입니다.

수박 겉 핥기 식으로
진도만 나가는 아이들

점심시간에 학생들과 이런저런 이야기를 나누다 보면 현재 자기가 공부하는 수학 진도를 자랑하는 아이들이 꼭 있습니다.

"선생님, 저 드디어 미적분 들어갔어요."
"저는 이제 수열해요."
"우와, 부럽다. 난 아직 이차함수도 못 했는데."

중학생들은 고등학교 수학 진도를 나가고 있다는 사실만으로도 굉장히 뿌듯하고 안도감을 느끼나 봅니다. 내가 친구들보다 더 빠른 진도를 나가는 게 앞서가는 것이라고 착각하기도 합니다. 그래서 초등학생 때 중고등학교 수학을 미리 공부하는 학생들이 늘고 있지만, 현실적으로는 중3 때 배울 삼각비를 선행하는데도 초6 때 배운 비율의 뜻을 설명하지 못하는 중1 학생들이 많습니다. 저는 중등 수학 성적은 선행 진도와는 별개라는 것을 많은 학생들을 통해 배울 수 있었습니다.

　수학이란 과목은 10개 이상의 관문을 한 치의 오차도 없이 정확하게 통과해야 정답에 도달할 수 있습니다. 예리하고 날카로운 시선으로 스스로 생각하고, 꼼꼼하게 분석해야 하지요. 수박 겉 핥기 식으로 대충 진도만 빠르게 나가게 되면 정작 중요한 개념을 탄탄하게 다질 기회를 놓치게 됩니다. 아이가 초등학교 4학년이 될 무렵에 목동으로 이사 간 지인에게 다음과 같은 이야기를 들었습니다.

　　"진아 친구들은 보통 지금 중1 수학 진도 나가요. 학교 쉬는 시간에도 학원 숙제하느라 놀지도 않는대요. 그런데 신기한 건 그렇게 대단한 아이들이 4학년 단원 평가에서 백점을 못 받아요. 설마 그 아이들이 몰라서 틀린 것은 아니겠죠?"

　실수로 틀렸든, 중1 진도 나가느라 초4 내용을 잊어버렸든 상관없이 현재 학년의 단원 평가 문제를 완벽하게 소화하지 못한다면 그것이 바로 수박 겉 핥기입니다. 진도를 성취도로 착각한 많은 초등학생들은 선행도, 현행도 그 어느 것도 제대로 못하고 있는 실정입니다. 진도를 빨리 나가려면 필연적으로 많은 정보를 수동적으로 받아들일 수밖에 없습니다. 개념을 가지고 혼자서 고민할 시간이 부족한 거죠. 그런 이유로 반드시 아이의 수준에 맞게 적당히 예습하고 깊이 공부하는 것이 중요합니다. 그 적정선을 2부에서 자세히 알려 드리겠습니다.

실생활에서 수학을 접해 본 적이 없는 아이들

오늘 아이에게 한번 물어봐 주세요.

"너는 수학 공부를 왜 해? 수학이 꼭 필요하다고 생각해?"
"너는 수학 공부하는 것이 어때?"

아이는 당황할지도 모릅니다. 이런 질문을 처음 받아볼 거니까요. 똑같은 질문에 부모님도 당황하실 거예요. 여러분은 수학 공부를 왜 하셨나요? 대학 때문이라고 말씀하실 겁니다. 예나 지금이나 수학은 대입의 주요 과목이니까요. 그래서 성적을 잘 받으셨나요? 대부분의 부모님들은 아마 좋은 성적 대신 대입 스트레스를 받으셨을 것입니다. 대학 입학은 초등 아이들에게는 아직 먼 미래 이야기입니다. 그럼, 우리 아이들에게 어떻게 수학 공부의 필요성을 느끼게 해 줄 수 있을까요?

저희 딸은 여행을 하면서 1km를 직접 걸어 보고, 그 거리를 m로 나타내면 얼마나 불편한지 느껴 보았습니다. 슈퍼마켓에 심부름을 가서 거스름돈을 직접 계산해 보았습니다. 거기서 저희 딸은 수학 공부를 왜 하는지, 수학이 왜 필요한지 그 이유를 스스로 찾을 수 있었습니다. 하지만 안타깝게도 제가 만난 대부분의 중등 학생들은 초등 시절에 이런 경험을 하지 못했습니다. '내 생활과는 전혀 관계 없는 문제집 속의 딱딱한 수학', 우리 아이들이 이런 수학 공부를 어떻게 느낄지 예상이 되시나요?

아이가 수학을 포기하지 않기 위해서는 자신이 좋아하는 일을 하는 데 수학이 함께한다는 것을 초등 시절에 경험해야 합니다. 예를 들어, 그림을 잘 그리는 아이들은 원근법을 이용해서 입체감을 표현합니다. 원근법을 잘 표현하기 위해서 도형의 닮음과 비례식을 공부해야 한다는 걸 알면 그 단원은 초집중합니다. 피아노에서 한 옥타브가 검은 건반 5개와 흰 건반 8개 총 13개로 이루어지고, 검은 건반은 다시 2개와 3개의 묶음으로 나눠지는데, 여기서 '2, 3, 5, 8, 13' 이라는 피보나치 수열을 보면 아이들은 수열을 왜 배우는지 알게 됩니다. 수학은 아이들의 생활에서 늘 함께하고 있습니다. 그 아름다움과 실용성을 초등 시절에 경험해 보지 못하는 현실이 수학과 점점 멀어지는 중등 학생들을 양산하고 있습니다. 그래서 수포자 부모님도 수학을 좋아하는 아이를 키울 수 있도록 3부에 실생활에서 아이들과 수학을 발견할 수 있는 활동들을 개념별로 정리해 두었습니다. 꼭 함께 실행해 보시면서 아이에게 수학을 다르게 바라볼 수 있는 기회를 주시기 바랍니다.

수학 문제를 질리도록 풀고 암기하는 아이들

"딴 따라라라딴따~ 딴 따라라라딴따~~"

교무실에서 수업 준비를 하던 저는 갑자기 울리는 핸드폰 벨소리에 깜짝 놀랐습니다. 우리 반 학생들의 핸드폰을 걷어 넣어 둔 가방에서 울리는 것으로 보아, 아침에 핸드폰 끄는 것을 잊고 낸 학생이 있었던 모양입니다. 저는 얼른 가서 울리는 핸드폰을 찾았습니다. '수문마녀'에게서 온 문영이의 핸드폰이었습니다. 전 종례 시간에 문영이에게 핸드폰을 돌려주며 물었습니다.

"수문마녀가 전화했었어. 누구야?"
"으악! 수학 학원 선생님이세요. 수학 문제를 너무 많이 내 주셔서 저를 마녀처럼 괴롭히세요."

'수문마녀'라는 이름이 웃기면서도 슬프게 다가왔습니다. 초등학교 때부터 많은 유형의 수학 문제를 질리도록 풀어 왔던 문영이는 중학생이 되면서 수학 문제집만 봐도 손사래를 칩니다.

학창 시절에 수포자였던 문영이 어머니는 문영이를 임신했을 때 태교를 위해 수학 정석을 공부하셨다고 합니다. 문영이가 여섯 살이 되던 해부터는 유명한 연산 학습지를 시작했고요. 일곱 살 때는 새벽에 일어나 초등 수학 개념 문제집을 풀면서 하루를 시작하는 습관이 들게 했답니다. 응용 문제집, 준심화 문제집, 심화 문제집을 매일 풀다 보니 문영이는 문제만 봐도 어느 정도 답을 예상할 수 있었다고 합니다. 문제는 초3 사고력 문제집을 풀면서 불거지기 시작했습니다. 문영이가 아무리 열심히 풀려고 해도 방법을 모르겠는데, 어머니는 그때마다 불같이 화를 내셨고, 문영이는 사고력 문제집을 풀 때마다 화장실에 가서 답을 베끼는 지경에 이르렀습니다.

본격적으로 수학 공부를 시작해야 하는 시기에 문영이처럼 벌써 수학에 질려 버린 학생들이 많습니다. 많은 문제를 풀면서 암기한 지식으로 수학 문제를 해결해 온 학생들의 모습입니다. 그나마 초등 때는 아무리 어려운 문제도 3단계 정도의 사고 과정이면 문제가 해결됩니다. 그러나 고등 때는 8단계 정도를 거쳐야 해결되는 문제가 대부분입니다. 초등 때 3단계까지의 과정을 숱한 연습 문제로 암기해 온 학생들은 고등 때 8단계까지 암기하기에는 인간의 한계에 부딪칩니다. 결국 잘못된 수학 공부 방법이 우리 아이를 수포자에 이르게 하는 것입니다.

학원을 언제쯤 보내고, 어떤 학원을 보내야 할까요?

여러분은 우리 아이들이 고등학생이 되어 수학을 끝까지 포기하지 않고 자기주도적으로 공부하려면 무엇이 가장 필요하다고 생각하시나요? 많은 고등학생들을 만나면서 제가 내린 결론은 '간절함'입니다. 수학이 간절히 필요하고, 수학 공부를 스스로 간절하게 원해야 합니다. 즉, 수학 공부에 대한 강한 내적 동기가 있어야 합니다. 우리 아이에게 이 동기를 끌어내 주기 위해서 초등 부모님은 어떻게 해야 할까요?

'게임'을 예로 들어 보겠습니다. 아이들은 게임을 간절히 하고 싶어합니다. 왜 그럴까요? 우선, 게임 규칙을 잘 압니다. 그리고 게임을 하면서 성취감을 느낍니다. 가장 중요한 것은, 부모님이 게임을 많이 못하게 합니다. 게임 시간을 제한할수록 더욱 간절하게 게임이 그리워집니다. 수학에 대한 간절함도 마찬가지입니다. 우선, 수학의 선수 학습 내용을 잘 알고 있어야 합니다. 그리고 수학 문제를 풀면서 성취감을 느껴야 합니다. 다음으로, 가장 중요한 건 아이들이 수학을 그리워할 시간을 주는 것이죠. 금지와 결핍이 강력한 동기를 만들어 내는 법인데, 요즘 아이들 수학 공부의 가장 큰 문제는 '과잉 학습'입니다. 학교에서 수학 수업하고, 학원 가서 배우고, 집에 와서 또 문제집을 풉니다. 아무리 몸에 좋은 음식도 너무 많이 먹으면 해로운데 수학 공부하는 우리 아이들은 얼마나 지겨울까요? 우리 아이의 수학 공부 동기를 이끌어내기 위해서는 부모님의 적당한 밀당의 지혜가 필요합니다.

우리 아이들은 부모님들이 말 안 해도 장난감을 넘치게 사 주셔서 그런지 장난감을 소중히 여기지 않습니다. 학원도 마찬가지죠. 부모님은 좋다는 수학 학원을 물색해서 아이들에게 어릴 때부터 수학 공부를 넘치게 시킵니다. 아이들은 아직 수학 공부의 필요성을 느끼지도 못했는데, 왜 다녀야 하는지도 모르는 학원을 다닙니다. 과연, 수학 공부가 간절히 하고 싶을까요?

학원을 보내야 하는 시기는 '아이가 원할 때'입니다. <u>학원을 4학년이면 보내야 한다, 적어도 5학년에는 학원에 가야 한다는 것은 모두 세상의 소리입니다.</u> 부모님은 아이의 소리를 들어야 합니다. 아이가 준비되지 않으면 모두 부질없습니다. 물론, 아이의 수학 공부를 옆에서 잘 관찰하셔서 필요할 경우, 좋은 학원을 소개해 주는 것은 부모님의 역할입니다. 그러나 수강 여부의 최종 선택은 아이의 의견을 존중해 주셔야 합니다.

그럼, 아이가 학원을 다니고 싶어할 때 뭘 알아봐야 할까요? 이건 먼저 학원을 다니는 목적을 분명히 하셔야 합니다.

선행으로 개념을 배우기 위해 학원을 다닐 때

이때는 선생님께서 수학교육을 전공하셨는지 꼭 확인하시기 바랍니다. 아이들은 도화지 같아서 처음에 구조화된 수학 개념을 제대로 잡지 않으면, 오개념을 바로잡기가 쉽지 않습니다. 그리고 주기적으로 아이의 수학 개념이 제대로 정립돼 가고 있는지 아이에게 설명해 달라고 하세요. 설명할 수 없는 개념은 아는 것이 아닙니다. 설명을 못할 경우에는 학원에 상황을 알리고, 피드백을 받으시기 바랍니다.

현행 심화 문제 풀이를 위해 학원을 다닐 때

이때는 학원 커리큘럼을 잘 살펴보셔야 합니다. 교재 수준이 아이에게 맞는지, 심화 문제가 다른 교재와 차별화되어 있는지 꼼꼼하게 비교하는 과정이 필요합니다. 참고로, 문제를 처음부터 끝까지 풀어 주는 학원은 지양하시기 바랍니다. 그것은 학원 선생님 공부지 우리 아이 공부가 아닙니다. 아이가 풀 수 있는 곳까지 풀고, 막히는 부분만 정확하게 뚫어 줄 수 있는 학원이 아이의 수학 실력을 향상시켜 주는 곳입니다.

참고로, 원장님과 상담을 할 때 원장님께 교육관을 물어보시기 바랍니다. 교육자는 자신의 교육관이 뚜렷합니다. 그리고 부모님보다는 아이들에게 더 시선을 둡니다. 아이들을 바라보는 원장님의 철학이 부모님의 방향성과 맞다면 그분은 아이에게 좋은 멘토가 될 수 있습니다. 다 그런 건 아니지만 아이의 레벨 테스트 후, 부족한 점을 나열하면서 당장 학원을 안 다니면 큰일날 것 같은 불안감을 조성한다면 그냥 학원 사업을 하시는 분일 가능성이 큽니다. 왜냐하면, 이윤 추구를 위해 원생 수를 늘리려는 의도가 보이기 때문입니다. 이런 과정을 거쳐 학원을 결정하고 등록한 다음에는 두 달 후쯤 학원에 전화해서 아이 수학 공부의 강점과 약점을 물어보는 것도 잊지 않으면 좋겠습니다. 그 시간 동안 아이를 제대로 파악하지 못한 곳은, 아이의 성적을 제대로 올릴 수 없는 곳입니다.

이 밖에도 영재교육원 준비를 위해서 다닐 수도 있고, 이전 학년 수학 결손을 보충하기 위해서 다닐 수도 있습니다. 그 이유가 무엇이건, 가장 중요한 것은 우리 아이가 그 학원 수강을 원하기 때문에 다녀야 한다는 것입니다. 학원은 필수가 아니라 선택일 뿐입니다. 대신, 학원을 다니기로 선택하셨다면 절대 아무 곳이나 함부로 보내지 않으면 좋겠습니다. 학년이 올라갈수록 우리 아이에게 가장 중요한 것은 시간입니다. 소중한 시간을 좋은 학원에서 효율적으로 보내야 합니다. 학생 수가 많다고, 유명하다고 해서 좋은 학원이 아닙니다. 집 앞의 작은 학원이라도 우리 아이의 성장을 최고로 생각해 준다면 그곳이 좋은 학원입니다. 우리 아이에게 꼭 맞는 좋은 학원을 찾으시는 부모님의 혜안을 기대합니다.

PART 2

초등 수학의 출발선과
종착점 로드맵

수능 수학 1등급을 위해
현직 수학 교사가 제시하는 수학 공부 로드맵

수학 성적이 우수한 아이의 부모는 무엇이 다른가?

1966년 사회학자 콜만은 불평등한 학교 조건이 교육불평등을 가져온다는 가설을 세우고, 이를 검증하기 위해 여러 변인들을 분석했습니다. 그런데 콜만은 학교의 차이가 아니라 부모의 사회 경제적인 수준이 학업 성취도에 더 큰 영향을 준다는 결론에 이르게 됩니다. 저는 부모의 사회 경제적인 수준이 대체 무엇인지 연구했습니다. 다수의 논문을 찾아보고, 관련 강의를 수강하며 많은 선생님들과 깊이 있는 대화를 나누면서 알게 된 것은 부모의 사회 경제적 수준이 아이 교육에 대한 관심도에 영향을 미친다는 것이었습니다.

그럼 수학 성적이 우수한 학생들의 부모님은 교육의 어떤 부분에 관심이 많을까요? 해마다 실시하는 학부모 면담을 통해 제가 발견한 그분들의 공통점은 다음과 같습니다.

첫째, 수학 교육의 방향성과 로드맵을 갖고 있었습니다.

그 부모님 머릿속에는 아이 수학 공부의 큰 그림이 있었습니다. 언제 출발하고 어떤 지점부터 속력을 내기 시작하며 종착점이 어디인지 잘 알고 계셨습니다. 쉬었다 갈 수 있는 부분도 알고 있었기에 아이가 사춘기에 방황할 때도 큰 틀에서 기다릴 수 있는 여유가 있었습니다. 아이에게 맞춘 로드맵이 있으니, 옆집 아이가 학원을 가든, 영재교육원을 가든 불안해하지 않았습니다. 출발선과 종착점 사이에서 아이를 위한 많은 길을 고민하시는 부모님 덕분에 아이는 자유롭게 자신만의 공부 방법을 선택할 수 있었습니다. 그렇다면, 이분들은 어떻게 수학 교육의 방향성과 로드맵을 가질 수 있게 된 것일까요?

중3 담임을 할 때 과학고 지망생인 아이 어머니와 상담을 하는데, 아이가 초등학교 때 학원에 적응을 못하자 어머님이 수험생처럼 다시 수학을 공부해서 아이를 가르쳤다고 합니다. 대체 무슨 공부를 하셨길래 유난히 학습 속도가 느렸던 아이가 중3이 되어 과학고 입시를 준비할 수 있는 수준이 된 것일까요? 바로 여기에 두 번째 비밀의 답이 숨어 있습니다.

둘째, 수학 교육과정을 잘 알고 있었습니다.

초등학교에서 중학교, 고등학교에 이르기까지 그분들은 아이가 언제, 무엇을 배우는지 잘 알고 있었습니다. 전체적인 교육과정이 머릿속에 있다 보니 수학 교육의 방향성과 로드맵을 작성할 수 있었던 거지요. 수험생처럼 다시 공부를 시작했던 어머니는 수학 교과서를 세 번 이상 풀어 보면서 언제쯤 아이가 힘들어할 것이고, 어떨 때는 수월하게 넘어갈 것인지 잘 알고 있었기 때문에 아이가 조금 못하고 힘들어하더라도 조급해하지 않고 기다릴 수 있었던 거지요.

어떤 부모님은 내용까지는 정확하게 알지 못해도 전체적인 흐름을 파악하고 아이에게 필요한 준비를 미리 해 주었습니다. 초2 때 칠교판을 준비해서 아이와 함께 여러 모양을 만들고, 초3 때 아이가 분수막대를 가지고 놀 수 있는 환경을 만들어 줍니다. 아이와 함께 신문을 보면서 막대그래프를 분석하고, 퍼즐을 풀면서 패턴도 찾습니다. 그분들은 아이가 수학을 좀 더 쉽게 이해할 수 있도록 책상머리 수학이 아니라, 아이의 삶 속에 수학이 있게 늘 고민했습니다.

2부에서 여러분이 수학 성적이 우수한 학생의 부모님이 될 수 있게 초등 수학 교육과정과 수학 공부 로드맵을 구체적으로 말씀드리겠습니다. 뿌리 깊은 나무처럼, 로드맵이 있는 아이의 수학 교육은 불안한 시류에 휩쓸리지 않습니다. 이제부터 부모님들이 반드시 알아야 할 초등 수학 교육과정의 보따리부터 풀어 보겠습니다.

초등 수학 교육과정

초등학교 수학은 크게 '수와 연산', '도형', '측정', '규칙성', '자료와 가능성'의 5개 영역으로 구성됩니다.

수와 연산	자연수, 분수, 소수의 개념과 사칙연산
도형	평면도형과 입체도형의 개념, 구성 요소, 성질을 익히고 넓이와 부피 구하기, 공간 감각 기르기
측정	시간, 길이, 들이, 무게를 측정하고 어림하기
규칙성	규칙 찾기, 비와 비율, 비례식
자료와 가능성	자료의 수집, 분류, 정리, 해석과 사건이 일어날 가능성

어떻습니까? 생각보다 내용이 많지 않죠? 맞습니다. 초등 수학은 내용이 그렇게 많지 않고, 어렵지 않아서 누구나 조금만 노력하면 충분히 완전 학습이 가능합니다. 부모님들도 조금만 들여다보시면 수학 교육과정을 숙지하실 수 있습니다.

수학은 이전 학년에 배운 하위 개념을 바탕으로 상위 개념 학습이 이루어지기 때문에 자연수의 사칙계산을 못하면 분수의 사칙계산 역시 할 수 없습니다. 물론, 각 영역 간에는 내용의 차이가 있어서 도형은 잘 못하지만 연산은 잘하는 아이도 많습니다. 따라서, 수학 내용의 구조를 잡을 때는 전체 교육과정을 영역별로 살펴보는 것이 흐름을 이해하는 데 더 큰 도움이 됩니다. 초등 수학 교육과정은 각 영역이 학년별로 골고루 분포되어 있으나, 저는 이해를 돕기 위해 전 학년 수학 교과서 목차를 영역별로 정리하는 표를 만들었습니다.

아이가 학기 초에 학교에서 교과서를 받아 오더라도 부모님께서는 여분의 수학 교과서를 구매하셔서 미리 살펴보시기 바랍니다. 저처럼 직접 표를 만들어 보신다면 금상첨화입니다. 1학기 교과서는 2월에서 3월에, 2학기 교과서는 9월에서 10월에 비상교육 출판사나 한국검인정교과서협회에서 구입하실 수 있습니다.

그럼 하나씩 표를 살펴보면서 각 영역별 주요 개념과 공부 방법, 중등과 연계되는 내용을 설명하겠습니다.

수와 연산

수와 연산	1학기	2학기
초1	**1단원**: 9까지의 수 **3단원**: 덧셈과 뺄셈 (한 자리 수±한 자리 수) **5단원**: 50까지의 수	**1단원**: 100까지의 수 **2단원**: 덧셈과 뺄셈(두 자리 수±두 자리 수) **4단원**: 덧셈과 뺄셈(세 수의 덧셈과 뺄셈) **6단원**: 덧셈과 뺄셈 (한 자리 수±한 자리 수), (모으기와 가르기)
초2	**1단원**: 세 자리 수 **3단원**: 덧셈과 뺄셈(두 자리 수±두 자리 수), (받아올림, 받아내림) **6단원**: 곱셈	**1단원**: 네 자리 수 **2단원**: 곱셈구구
초3	**1단원**: 덧셈과 뺄셈(세 자리 수±세 자리 수) **3단원**: 나눗셈 **4단원**: 곱셈(두 자리 수×한 자리 수) **6단원**: 분수와 소수	**1단원**: 곱셈 (세 자리 수×한 자리 수) (두 자리 수×두 자리 수) **2단원**: 나눗셈(세 자리 수÷한 자리 수) **4단원**: 분수(종류와 대소)
초4	**1단원**: 큰 수(만, 억, 조) **3단원**: 곱셈과 나눗셈 (세 자리 수×두 자리 수) (세 자리 수÷두 자리 수)	**1단원**: 분수의 덧셈과 뺄셈 (분모가 같은 계산) **3단원**: 소수의 덧셈과 뺄셈
초5	**1단원**: 자연수의 혼합 계산 **2단원**: 약수와 배수 **4단원**: 약분과 통분 **5단원**: 분수의 덧셈과 뺄셈(통분)	**1단원**: 수의 범위와 어림하기 (이상과 이하, 초과와 미만, 올림, 버림, 반올림) **2단원**: 분수의 곱셈 **4단원**: 소수의 곱셈
초6	**1단원**: 분수의 나눗셈 (분수÷자연수) **3단원**: 소수의 나눗셈 (소수÷자연수)	**1단원**: 분수의 나눗셈 (분수÷분수) **2단원**: 소수의 나눗셈 (소수÷소수)

초등 수학 교육과정은 '수와 연산' 영역이 많은 부분을 차지합니다. 그래서 초등 시절에 수학을 잘하려면 자연수, 분수, 소수의 연산을 꾸준히 공부해야 합니다.

자연수 주요 개념

자연수는 1, 2, 3과 같은 수를 말합니다. 1학년 1학기 1단원에서 1부터 9까지의 수를 배우는 것부터 시작합니다. 자연수가 개수와 순서를 나타내는 경우가 있음을 공부한 후 0을 배웁니다. 그 후 50까지의 수, 100까지의 수, 세 자리 수, 네 자리 수를 공부하고, 4학년 1학기 1단원 '큰 수'에서 만, 억, 조까지 배우며 마무리됩니다. 자연수의 연산은 1학년 1학기 3단원 한 자리 수끼리의 덧셈과 뺄셈부터 시작해서, 5학년 1학기 1단원 자연수의 혼합 계산까지 공부합니다.

덧셈과 뺄셈

자연수의 덧셈과 뺄셈은 모으기와 가르기를 연습하고, 세로셈을 배운 후 2학년 1학기 3단원에서 처음으로 받아올림과 받아내림을 공부합니다. 그 후 3학년 1학기 1단원 세 자리 수끼리의 덧셈과 뺄셈까지 할 수 있으면 됩니다.

곱셈

곱셈은 2학년 1학기 6단원에 처음으로 묶어 세기를 통해 도입됩니다. 예를 들면, 구슬을 3개씩 4번 묶어 세면 3, 6, 9, 12가 됩니다. 이를 식으로 표현하면 3 + 3 + 3 + 3 = 12입니다. 이때, 3개씩 4묶음을 3의 4배라 하고, 3×4라고 씁니다. 따라서, 3 + 3 + 3 + 3 = 3×4로 바꿀 수 있습니다. 긴 덧셈식을 간단한 곱셈식으로 바꿀 수 있음을 알고 곱셈 기호의 위대함을 아이가 느낄 수 있도록 반드시 이 과정을 여러 번 연습해야 합니다. 그 후 2학년 여름방학에 묶어 세기를 통해 천천히 구구단을 계산할 수 있도록 시간을 주시기 바랍니다. 2씩 더해 가는 쉬운 2단부터 시작해서, 5씩 더해서 5단을 아이 스스로 만들어 가야 합니다. 아이가 스스로 구구단 표를 만들기 전에 절대로 구구단을 외우라고 아이에게 제시하지 말아 주세요. 그래야 구구단이 수학 내용이 되지, 그렇지 않으면 음악 시간에 배워야 합니다. 아이는 9를 아홉 번 더하는 과정을 통해서 구구팔십일을 외우는 것이 얼마나 강력한 힘이 되는지 깨달을 수 있을 것입니다.

수업에서 곱셈구구를 배우며 구구단을 능숙하게 외우게 되면 그때부터는 3학년 1학기 4단원의 곱셈(두 자리 수×한 자리 수)을 예습하시면 됩니다. 참고로, 여러분은 52×3을 어떻게 계산하세요?

$$\begin{array}{r} 5\ 2 \\ \times\qquad 3 \\ \hline \end{array}$$

이렇게 52와 3을 세로로 적은 후에 3과 2를 곱해서 일의 자리에 쓰고, 3과 5를 곱해서 백의 자리와 십의 자리에 썼던 세로셈 계산법을 기억하실 것입니다. 하지만 아이들과 곱셈을 공부하실 때는 교과서를 참고해서 우선 수 모형으로 충분히 곱셈의 의미를 생각해 보는 시간이 필요합니다. 예를 들면, 52×3을 계산하기 위해 십 모형 5개, 일 모형 2개를 3세트 준비해서 52 + 52 + 52를 직접 눈으로 확인하는 과정이 있어야 합니다. 일 모형은 일 모형끼리 더해 주고, 십 모형은 십 모형끼리 더한 후 십 모형을 백 모형으로 바꾸는 과정을 통해 단순히 세로셈 계산법을 외우는 것이 아니라, 세로셈 알고리즘이 성립하는 이유를 깨닫게 됩니다. 3학년 2학기 교과서 1단원 '곱셈'에 나온 모눈종이 그림을 활용해서 설명해 주는 것도 좋은 방법입니다. 반드시 이런 시간을 가진 후에 세로셈 계산법을 알려 주시고, '세 자리 수×두 자리 수'까지 계산을 정확하고 능숙하게 할 수 있도록 도와주시면 됩니다.

나눗셈

나눗셈은 3학년 1학기 3단원에서 처음 시작합니다. 보통 3학년 때 초등 수학에서 학생들 사이에 격차가 생기기 시작하는데 그 첫 지점이 바로 나눗셈입니다. 두 번째 지점이 분수인데, 분수는 나눗셈을 바탕으로 하는 개념이기 때문에 나눗셈은 아주 중요하고, 반드시 꼼꼼하게 공부하고 넘어가야 합니다.

우리가 잘 알고 있는 나눗셈식 $8 \div 2 = 4$는 두 가지 의미가 있습니다. 과자 8개를 2명이 똑같이 나누어 먹으려고 할 때, 한 명이 먹을 수 있는 과자의 수는 4개입니다. 이때는 접시 두 개에 과자를 하나씩 교대로 똑같이 놓는 과정을 되풀이합니다. 그러면 접시 하나에 4개의 과자가 놓입니다. 이것을 보통 등분제라고 부르고, 우리가 일상생활에서 사용하는 나눗셈의 개념입니다. 또 다른 의미는 과자 8개를 한 사람에게 2개씩 주려고 할 때, 모두 4명에게 줄 수 있다는 뜻으로도 해석이 가능합니다. 이때는 한 접시에 과자 두 개씩을 한꺼번에 올려 놓으면서 과자의 수가 0이 될 때까지 준비된 접시들 위에 올려 놓습니다. 그러면 접시가 총 4개가 필요합니다. 이것을 보통 포함제라고 부르며, 앞으로의 나눗셈을 배우는 데 자주 쓰이는 개념입니다. 포함제는 $8-2-2-2-2 = 0$인 식으로 표현할 수 있으므로 나눗셈의 몫인 4는 8이 0이 될 때까지 2를 몇 번 뺐는지를 나타내 주는 수라는 것을 알 수 있습니다. 즉, $8-2-2-2-2 = 0$

을 8 ÷ 2 = 4로 표현합니다.

혹시 곱셈에서 이 식 기억나시나요? 3 + 3 + 3 + 3 = 3×4

곱셈이 몇 번 더했는지를 간단하게 나타내 주는 기호라면, 나눗셈은 몇 번 뺐는지를 나타내 주는 기호인 것입니다. 이 내용을 알아야 앞으로 배우게 될 91 ÷ 40 같은 문제를 풀 때, 91에서 40을 몇 번 뺄 수 있는지를 아는 것이 몫을 구하는 것이라고 아이가 인지할 수 있게 됩니다. 이런 이유로 아이가 나눗셈을 배우기 전에 집에서 과자와 접시를 준비한 후 앞에서 설명한 두 가지 개념의 활동을 각각 해 보시기를 추천합니다.

3학년 2학기 2단원 나눗셈에서는 (몇 십) ÷ (몇)부터 시작해서 나머지가 있는 (세 자리 수 ÷ 한 자리 수)를 배우게 됩니다. 90 ÷ 6을 수 모형으로 나눠 주는 연습을 하는 과정 속에서 나눗셈은 덧셈이나 뺄셈, 곱셈과는 다르게 큰 자릿수 모형부터 나눠 줘야 한다는 것을 알게 됩니다. 그 후에 나눗셈 알고리즘을 알려 주면 아이는 나눗셈을 기계적으로 계산하지 않고, 의미를 이해하며 숙달하게 됩니다. 즉, 90 ÷ 6의 몫을 계산하기 위해서 다음과 같이 생각할 수도 있습니다. "90에는 30이 3번 들어 있다. 30을 6으로 나누면 5이다.

5 ×3 = 15이므로 몫은 15이다." 몫을 찾는 방법들을 아이와 함께 이야기 나누는 과정에서 아이들은 나눗셈의 의미를 더욱 깊이 바라볼 수 있을 것입니다.

나눗셈은 4학년 1학기 3단원에 나오는 (세 자리 수 ÷ 두 자리 수)의 계산으로 완성됩니다. 탄탄하게 완성되어야 6학년 때 배우는 소수의 나눗셈을 제대로 할 수 있습니다. 775 ÷ 25 같은 계산을 하기 위해서는 775에서 25를 몇 번 뺄 수 있는지 어림하는 능력이 필요합니다. 이를 위해서 3학년 1학기 때 배운 (두 자리 수 × 한 자리 수) 연산을 많이 연습해 주면 좋습니다.

수학 교사 엄마의 팁

3학년 겨울방학 때는 이렇게 해 보세요.

"98 속에 21이 몇 번 들어 있어?" 같은 질문에 어느 정도 익숙해지는 3학년 겨울방학에는 지금까지 늘 풀어 왔던 연산 문제집에서 (세 자리 수 ÷ 두 자리 수) 부분을 본격적으로 시작해 보세요. 그리고 사칙연산을 이용해서 할 수 있는 다양한 보드게임들을 가지고 수학에 대한 흥미를 높이는 것도 추천합니다.

연산 문제집은 초등 2학년 1학기부터! ✏️

제 아이는 2학년 1학기 3단원이 끝난 후부터 연산 문제집을 풀기 시작했습니다. 제가 연산 훈련을 이때 시작한 이유가 있습니다. 2학년 1학기 3단원에 있는 '여러 가지 방법으로 덧셈과 뺄셈'을 할 수 있도록 알고리즘을 미리 알려 주지 않은 것입니다.

2학년 1학기까지 가르기와 모으기를 충분히 한 다음, 그 후에 연산 연습을 해도 늦지 않습니다. 취학 전부터 아이들에게 무리한 연산 연습을 강요하지 않으셔도 됩니다. 단, 본격적으로 자연수의 사칙연산이 시작되는 3학년 때부터는 능숙한 계산 실력이 필요하기에 적어도 2학년 여름방학부터는 매일 연산 문제집을 풀면서 자연수의 사칙연산은 한 학기 정도의 예습이 필요합니다. 아이가 학교에서 배운 내용을 그날 복습한다 하더라도 오늘 배운 연산을 내일 바로 활용하는 건 현실적으로 힘든 것이 사실입니다. 연산 실력은 하루아침에 쌓을 수 없기 때문에 꾸준히 조금씩 정확하게 푸는 연습이 필요합니다. 그래서 6학년 분수와 소수의 나눗셈이 끝날 때까지는 매일 연산 문제집을 풀 수 있도록 부모님께서 준비해 주세요. 중등 때는 초등 때처럼 숙달해야 하는 연산 내용이 많지 않아서 굳이 연산 문제집을 따로 풀리지 않아도 됩니다.

초등 수학의 꽃, 분수의 주요 개념

3학년 1학기 6단원에 처음 나오는 분수는 초등 수학 교육과정에서 가장 중요한 개념이지만 아이들에게는 어렵습니다. 아이들이 분수를 어려워하는 이유는 분수가 가진 여러 가지 의미와 다양한 모델 때문입니다. 초등 수학 교육과정에서 분수는 '부분-전체', '몫', '비율'을 다루고 있습니다. 그러나 교육과정이 거의 '부분-전체'라는 의미에 기초를 두고 있어서 분수를 하나의 수로 인식하는 데 어려움이 있습니다. 6학년 1학기 1단원 분수의 나눗셈에서 '몫'으로서 분수를 잠깐 다루지만, 그 전에 분수도 자연수와 같은 수이기 때문에 사칙연산이 가능하다는 것을 예상할 수 있어야 합니다. 왜냐하면, 초등 수학은 자연수와 분수의 사칙연산이 대부분을 차지하기 때문입니다.

'부분-전체'로서의 분수의 의미는 전체를 똑같은 크기로 나누었을 때 부분을 나타내는 수를 뜻합니다. 피자 전체를 8조각으로 똑같이 나누었을 때, 1조각은 $\frac{1}{8}$로 나타낸다는 것, 알고 계시죠? 우리 아이들이 '분수'하면 대부분 피자를 떠올리는 이유랍니다. 그런데 간혹 아주 영특한 학생이 이런 질문을 하는 경우가 있습니다.

"초콜릿이 8개 있는데 7명이 똑같이 나누려면 어떻게 해요?"

우선 초콜릿을 1개씩 7명에게 나눠 주고, 나머지 1개는 7등분해서 $\frac{1}{7}$씩 더 나눠 줄 수 있습니다. 따라서 한 사람이 먹을 수 있는 초콜릿은 1개와 $\frac{1}{7}$ 조각이므로 총 $1 + \frac{1}{7} = \frac{8}{7}$입니다. 즉, $8 \div 7 = \frac{8}{7}$ 이라는 나눗셈의 몫으로서의 분수의 의미도 있습니다. 그리고 기준량에 대한 비교하는 양의 크기를 나타내는 비율의 의미도 있습니다.

이처럼 다양한 의미를 지닌 분수의 개념을 시각적으로 이해하도록 교과서에서는 원이나 직사각형 같은 영역을 모델로 사용하거나, 구슬이나 바둑알처럼 셀 수 있는 물건을 묶음으로 나누어 보기도 하고, 눈금이 있는 수직선 모델을 사용하기도 합니다.

분수의 덧셈과 뺄셈

4학년 2학기 1단원 분수의 덧셈과 뺄셈은 분모가 같은 경우를 다루기 때문에 아이들이 어렵지 않게 계산할 수 있습니다. 5학년 1학기 5단원 분수의 덧셈과 뺄셈에서 본격적으로 분모가 다른 분수의 덧셈과 뺄셈을 다루게 됩니다. 이를 위해 2단원에서 약수와 배수를 배우고, 4단원에서 약분과 통분을 배웁니다. 혹시 분수와 자연수의 공통점과 차이점이 무엇인지 아세요? 분수와 자연수는 모두 정해진 수량을 나타낸다는 공통점이 있습니다. 그런데 그 수량을 나타낼 때 자연수는 오직 한 가지 기호만을 사용하지만, 분수는 많은 다른 기호로 표현할 수 있습니다. 예를 들면, 한 개를 의미하는 기호는

1뿐이지만, 절반을 의미하는 기호는 $\frac{1}{2}$, $\frac{2}{4}$, $\frac{3}{6}$ 등 여러 가지를 사용할 수 있습니다. 이때 $\frac{1}{2}$, $\frac{2}{4}$, $\frac{3}{6}$ 처럼 크기가 같은 분수를 동치분수라고 부릅니다. 동치분수는 분모가 다른 분수의 덧셈과 뺄셈을 계산하는 핵심 개념입니다.

아이들이 생활에서 동치분수를 경험할 수 있는 활동 한 가지를 소개해 드리겠습니다. A4 용지의 긴 쪽을 반으로 접습니다. 접힌 종이를 같은 쪽으로 다시 한 번 더 접습니다. 종이를 펴면 네 등분이 된 종이가 보일 것입니다. 네 등분 중 세 개를 색칠해서 $\frac{3}{4}$ 을 표현합니다. 이번에는 A4 용지의 짧은 쪽을 반으로 접습니다. 그러면 아이들은 색칠된 부분이 $\frac{6}{8}$ 으로도 표현될 수 있다고 말할 것입니다. 결국 $\frac{3}{4}$ 은 $\frac{6}{8}$ 과 같은 크기의 분수라는 것을 알 수 있습니다. 그때 아이에게 물어봐 주세요. "$\frac{6}{8}$ 은 $\frac{3}{4}$ 에 어떤 작업을 하면 만들 수 있을까?" 아이는 분모와 분자에 각각 2를 곱해도 같은 크기의 분수가 된다는 것을 발견할 수 있을 것입니다. 분모와 분자에 각각 0이 아닌 같은 수를 곱하거나 나누어도 크기가 같은 분수가 되는 성질에 의해서 약분과 통분을 할 수 있습니다.

분모와 분자를 공약수로 나누어 간단한 분수로 만드는 것을 약분한다고 하고, 두 분수의 분모를 같게 하는 것을 통분한다고 합니다. 분모가 다른 분수의 덧셈과 뺄셈을 하기 위해서는 두 분모의 최소공배수로 통분한 후 계산하면 됩니다.

분수의 곱셈

5학년 2학기 2단원의 분수의 곱셈은 (분수)×(자연수), (자연수)×(분수), (분수)×(분수)를 계산할 수 있으면 됩니다. 모든 경우에 분모는 분모끼리 곱하고, 분자는 분자끼리 곱한다는 계산 원리가 적용되지만, 각 경우에 따라 아이가 이 원리를 스스로 탐구할 수 있는 시간을 가질 수 있도록 도와주세요.

(분수)×(자연수)는 곱셈의 의미를 생각해서 덧셈의 방법으로 설

 수학 교사 엄마의 팁

양파 하나로 분수 개념을 똑부러지게!

카레를 만들 거라고 아이에게 양파 1개와 $\frac{1}{4}$ 조각을 준비해 달라고 부탁합니다. 두 양파의 크기는 서로 비슷해야죠. 아이는 양파 1개를 4부분으로 나눈 후 그중 하나가 $\frac{1}{4}$ 이라는 것을 알게 됩니다. $\frac{1}{4}$ 양파 조각 2개를 모으면 양파 1개의 절반이 된다는 것도 알게 됩니다. $\frac{1}{4}$ 양파 조각 4개를 모으면 다시 양파 1개가 된다는 것도 깨닫습니다. 일상에서 이런 경험을 한 아이는 수업 시간에 $\frac{1}{4}$ 을 배우면 머릿속에 양파 조각이 그려집니다. $\frac{1}{4} + \frac{1}{4} + \frac{1}{4} + \frac{1}{4} = \frac{4}{4} = 1$이라는 연산도 쉽게 이해가 됩니다. $\frac{1}{4} \times 2 = \frac{1}{4} + \frac{1}{4} = \frac{2}{4}$이고, $\frac{2}{4}$ 는 양파의 절반이므로 $\frac{1}{2}$ 과 같다는 것도 알게 됩니다. 약분을 생활에서 보는 것입니다. 아이들에게 분수는 더 이상 두 개의 숫자가 모여 있는 것이 아니라, 하나의 의미 있는 수로 다가오게 됩니다.

명할 수 있습니다. $\frac{1}{4} \times 3$은 곱셈의 정의에 의해서 $\frac{1}{4} + \frac{1}{4} + \frac{1}{4}$이므로 $\frac{3}{4}$이 됩니다. 즉, $\frac{1}{4} \times 3 = \frac{1 \times 3}{4}$ 임을 확인할 수 있습니다.

(자연수)×(분수)는 3학년 2학기 4단원 '분수만큼은 얼마일까요'를 공부하면서 이미 아이들이 학습한 내용입니다.

토끼가 6마리 있습니다. 토끼 6마리의 $\frac{2}{3}$만큼은 얼마일까요?

아이들은 토끼 6마리를 3묶음으로 나눴을 때, 2묶음 속의 토끼 수를 구함으로써 4라는 답을 얻을 수 있었습니다. 5학년이 된 아이들은 앞의 문제를 곱셈과 연결시킬 수 있어야 합니다.

6이 2만큼 있으면 6의 2배이고, $6 \times 2 = 12$입니다. 마찬가지로 6이 $\frac{2}{3}$ 만큼 있으면 6의 $\frac{2}{3}$ 배이고, $6 \times \frac{2}{3} = 4$라는 사실을 알고 있습니다. 여기서, $6 \times \frac{2}{3} = \frac{6 \times 2}{3} = 4$임을 확인할 수 있습니다.

(분수)×(분수)는 교과서에 있는 문제와 그림을 이용해서 아이들에게 설명할 수 있습니다.

슬기는 조각보를 만드는 데 전체 보자기의 $\frac{1}{5}$ 중에서 $\frac{1}{3}$을 사용했습니다. 슬기가 사용한 보자기는 전체의 얼마일까요?

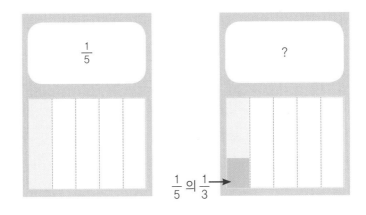

$$\frac{1}{5}의\ \frac{1}{3}$$

전체의 $\frac{1}{5}$의 $\frac{1}{3}$만큼이므로 $\frac{1}{5}$의 $\frac{1}{3}$배이고, $\frac{1}{5} \times \frac{1}{3}$은 전체의 $\frac{1}{15}$이 됨을 알 수 있습니다. 따라서, 분모는 분모끼리 분자는 분자끼리 곱한다는 것을 확인할 수 있습니다.

분수의 나눗셈

분수의 마지막 대미를 장식할 나눗셈은 6학년 1, 2학기 1단원에 위치하고 있습니다. (자연수)÷(자연수)부터 시작해서 (분수)÷(분수)까지 배웁니다. (자연수)÷(자연수)에서는 분수의 여러 가지 의미에서 설명했던 '몫'으로서의 분수 개념을 배웁니다. $1 \div 3 = \frac{1}{3}$이 된다는 것을 그림을 그려서 확인하고, △와 □가 자연수일 때, $\triangle \div \square = \frac{\triangle}{\square}$ 라는 것을 알게 됩니다.

(자연수)÷(분수)는 나눗셈의 두 가지 의미 중에서 포함제를 이

용해서 생각할 수 있습니다. $2 \div \frac{1}{4}$ 은 2가 0이 될 때까지 $\frac{1}{4}$ 을 몇 번 뺄 수 있는지를 묻는 문제입니다. 1 속에 $\frac{1}{4}$ 이 4개 있으므로 2 속에는 $\frac{1}{4}$ 이 8개 있습니다. 이는 $2 \div \frac{1}{4} = 2 \times 4$ 임을 보여 줍니다.

(분수)÷(자연수)는 (분수)×$\frac{1}{(자연수)}$ 로 바꾸어 계산할 수 있다는 원리를 그림을 통해 발견하게 됩니다. $\frac{2}{3} \div 4$ 를 그림으로 나타내면 다음과 같습니다.

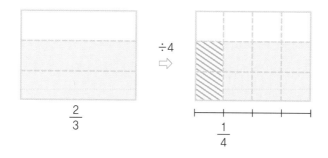

$\frac{2}{3} \div 4$ 의 몫은 $\frac{2}{3}$ 를 4등분한 것 중의 하나이므로, $\frac{2}{3}$ 의 $\frac{1}{4}$ 만큼이 됩니다. 따라서, $\frac{2}{3} \div 4 = \frac{2}{3} \times \frac{1}{4}$ 임을 확인할 수 있습니다.

6학년 2학기 1단원에 나오는 (분수)÷(분수)는 일상생활에서 자주 쓰이지도 않고, 계산 방법은 쉽지만 그 원리는 직관적으로 쉽게 이해하기 어려운 부분입니다. 교과서에서 학생들이 분수의 나눗셈 알고리즘을 발견할 수 있도록 다양한 방식으로 설명하고 있기 때문에, 단순히 나누는 수의 역수를 곱하는 분수 나눗셈의 알고리즘만 알고 있는 아이들은 오히려 교과서의 내용이 어려울 수 있습니다. 이 단원을 예습할 때에는 교과서의 순서에 따라 분수 나눗셈의 알고리즘을 함께 발견해 나가는 과정을 거치는 것이 중요합니다. 그후에 꾸준히 계산 연습을 할 수 있도록 지켜봐 주시기 바랍니다.

수학 교사 엄마의 팁

다 놓쳐도 분수는 놓치면 안 됩니다!

분수 하나만 제대로 해도 중등 수학 공부를 쉽게 할 수 있습니다. 중1 때 배우는 정수와 유리수, 중2 때 배우는 유리수와 순환소수, 중3 때 배우는 제곱근과 실수를 공부하기 위해 분수는 반드시 필요한 개념입니다. 초등에서 갈고 닦은 분수 실력을 중등에서 빛낼 멋진 아이들을 기대해 봅니다.

분수의 연산 공부법 정리 ✏

일상에서 분수의 개념을 경험하고, 구체적 조작물로 관찰한 후에 아이들은 비로소 수학 수업 속에서 분수의 개념을 스스로 정리할 수 있습니다. 그 후 자연수의 사칙 연산에서 배운 방법에서 유추하여 분수의 사칙연산을 이해하는 과정을 거쳐야 합니다. 마지막으로 분수의 사칙연산을 연습하여 자동화하는 과정이 제대로 된 연산을 공부하는 방법입니다.

2학년 겨울방학에는 아이들이 분수의 개념을 가지고 놀 수 있도록 수학 교구를 준비해 주세요. 그리고 아이들이 분수의 개념에 익숙해질 수 있도록 일상에서 많은 수학적 경험들을 노출시켜 주세요. 이를 위한 구체적인 방법은 3부(209 페이지)에서 자세히 알려 드리겠습니다.

아이들이 3학년 일 년 동안은 분수 개념에서 마음껏 뛰어 놀 충분한 시간과 기회를 주셔야 합니다. 분수 개념 정리를 위한 교재는 324 페이지에 실어 놓았습니다. 그 후 3학년 겨울방학부터 분수의 계산을 시작하면 됩니다. 분수의 약분과 통분 문제는 많은 연습이 필요한 부분이므로 적어도 4학년 겨울방학에는 아이들이 분모를 통분하여 분수를 더하고 빼는 연산 문제집을 풀 수 있도록 부모님들께서 준비해 주시기 바랍니다.

소수의 주요 개념 및 연산 공부 방법

소수는 분수보다 상대적으로 개념이 어렵지 않고 아이들도 쉽게 이해하기 때문에 보통 방학 동안 한 학기 정도의 예습만으로도 충분합니다. 소수는 3학년 때 처음 배우기 시작하여 4학년 때 덧셈과 뺄셈, 5학년 때 곱셈, 6학년 때 나눗셈을 배웁니다. 소수는 소수점을 포함하는 수로서 $\frac{1}{10}$, $\frac{1}{100}$ 등과 같은 분모가 10의 거듭제곱인 분수의 또 다른 표현 방법입니다. 즉, 다음과 같은 것입니다.

$$\frac{1}{10} = 0.1 \quad \frac{1}{100} = 0.01 \quad \frac{1}{1000} = 0.001$$

소수의 덧셈과 뺄셈

소수 한 자리 수부터 소수 세 자리 수까지 배우고, 자연수와 같은 십진법의 원리를 바탕으로 소수의 크기를 비교합니다. 소수의 덧셈과 뺄셈은 자연수와 마찬가지로 소수의 자릿값에 맞춰 숫자들을 배열하고 더하거나 빼면 됩니다.

소수의 곱셈과 나눗셈

소수의 곱셈에서는 소수를 자연수처럼 계산한 다음 곱하는 수와 곱해지는 수의 소수점 합만큼 소수점의 위치를 정해서 찍는다는 것을 분수와 소수의 관계를 바탕으로 개념적으로 이해할 수 있으면 됩니다. (소수) ÷ (소수)의 나눗셈에서는 나뉘어지는 수와 나누는 수의 소수점을 똑같이 옮겨서 자연수의 나눗셈과 동일하게 계산할 수 있다는 것을 아이들이 발견할 수 있도록 도와주시면 좋겠습니다.

도형

도형	1학기	2학기
초1	**2단원**: 여러 가지 모양(입체)	**3단원**: 여러 가지 모양(평면)
초2	**2단원**: 여러 가지 도형 (원, 삼각형, 사각형, 오각형, 육각형) (칠교판, 쌓기나무)	
초3	**2단원**: 평면도형 (선분, 반직선, 직선, 각, 직각, 직각삼각 형, 직사각형, 정사각형)	**3단원**: 원 (컴퍼스 사용)
초4	**2단원**: 각도 (각도기 사용) (직각의 크기, 예각, 둔각) (각도의 합과 차) (삼각형 세 각의 합, 사각형 네 각의 합) **4단원**: 평면도형의 이동 (밀기, 뒤집기, 돌리기)	**2단원**: 삼각형 (이등변삼각형, 정삼각형) (예각삼각형, 둔각삼각형) **4단원**: 사각형 (수직, 평행) (사다리꼴, 평행사변형, 마름모) **6단원**: 다각형 (정다각형)
초5	**6단원**: 다각형의 둘레와 넓이 (정다각형의 둘레, 사각형의 둘레) (1cm², 1m², 1km²) (직사각형, 평행사변형, 삼각형, 마름모, 사다리꼴 넓이)	**3단원**: 합동과 대칭 (합동, 선대칭, 점대칭) **5단원**: 직육면체 (정육면체, 겨냥도, 전개도)
초6	**2단원**: 각기둥과 각뿔 (각기둥 전개도) **6단원**: 직육면체의 부피와 겉넓이 (1cm³, 1m³)	**3단원**: 공간과 입체 (쌓기나무 개수) (쌓기나무) **5단원**: 원의 넓이(원주, 원주율) **6단원**: 원기둥, 원뿔, 구(원기둥 전개도, 구)

'도형' 영역에서는 평면도형과 입체도형의 개념과 성질을 익히

고, 넓이와 부피를 구합니다. 전 학년에 큰 비중으로 골고루 분포하며 학년이 올라갈수록 더 중요한 내용들을 다룹니다. 그러다 보니 그 어느 단원 하나 소홀히 공부할 수가 없습니다. 또 중등 도형 영역에서 다루는 대부분의 내용들이 초등 때 배웠던 정의와 성질, 공식 등을 기본적으로 알고 있다는 전제 하에서 전개되기 때문에 초등 때 도형 공부를 탄탄하게 하는 것이 필요합니다. 그런데 도형 영역은 각 단원 간에 큰 연계성이 없다 보니 뒤의 단원을 공부하다 보면 앞의 단원 내용을 잊어버리기 쉽습니다. 그리고 다른 영역들에 비해 기본적으로 기억해야 하는 내용들이 훨씬 더 많습니다. 따라서 도형 영역을 공부할 때는 반드시 노트에 정의와 예시를 정리하며 공부하는 습관이 필요합니다. 한 학기가 끝날 때쯤 노트에 정리된 내용들을 잘 기억하고 있는지 반드시 물어보고 확인해야 합니다.

평면도형의 정의와 성질

도형 영역은 1학년 때 주변에서 모양을 살펴보는 것부터 시작합니다. 2학년 때 모양에서 도형으로 점차 수학화되며 원, 삼각형, 사각형, 오각형, 육각형을 배웁니다. 3학년 1학기 때부터 본격적으로 다음과 같은 평면도형의 정의가 나옵니다.

평면도형의 정의

선분	두 점을 곧게 이은 선
반직선	한 점에서 시작하여 한쪽으로 끝없이 늘인 곧은 선
직선	선분을 양쪽으로 끝없이 늘인 곧은 선
각	한 점에서 그은 두 반직선으로 이루어진 도형
직각	종이를 반듯하게 두 번 접었을 때 생기는 각
직각삼각형	한 각이 직각인 삼각형
직사각형	네 각이 모두 직각인 사각형
정사각형	네 각이 모두 직각이고 네 변의 길이가 모두 같은 사각형

수학은 일반적으로 하나의 내용을 논리적 흐름에 따라 이해하는 방법으로 공부합니다. 그런데 유일하게 외워야 하는 내용이 하나 있습니다. 바로 '정의(definition)'입니다. 정의는 보통 수학 교과서에서 음영 처리된 네모 상자 안에 강조된 문구로 적혀 있습니다. 정의는 하나의 용어에 대하여 수학적 의미를 규정한 것이기 때문에 반드시 아이들이 정확하게 알고 있어야 합니다.

3학년 때 공부한 내용을 바탕으로 4학년 2학기 2단원에서 삼각형, 4단원에서 사각형, 6단원에서 다각형을 공부하게 됩니다. 각 단원별로 정리된 평면도형의 정의는 다음과 같습니다.

삼각형

이등변삼각형	두 변의 길이가 같은 삼각형
정삼각형	세 변의 길이가 같은 삼각형
예각삼각형	세 각이 모두 예각인 삼각형
둔각삼각형	한 각이 둔각인 삼각형

사각형

수직	두 직선이 만나서 이루는 각이 직각일 때, 두 직선은 서로 수직이고, 한 직선을 다른 직선에 대한 수선이라고 함
평행선	서로 만나지 않는 두 직선
평행선 사이의 거리	평행선의 한 직선에서 다른 직선에 그은 수선의 길이
사다리꼴	평행한 변이 한 쌍이라도 있는 사각형
평행사변형	마주 보는 두 쌍의 변이 서로 평행한 사각형
마름모	네 변의 길이가 모두 같은 사각형

다각형

다각형	선분으로만 둘러싸인 도형
정다각형	변의 길이가 모두 같고, 각의 크기가 모두 같은 다각형
대각선	다각형에서 서로 이웃하지 않는 두 꼭짓점을 이은 선분

평면도형의 성질

삼각형 단원에서는 각 삼각형의 정의와 성질을 구분해서 명확하게 알고 있어야 합니다. 세 변의 길이가 같은 정삼각형은 세 각이 모두 60도로 같다는 성질이 있습니다. 두 변의 길이가 같은 이등변삼각형은 두 밑각의 크기가 같다는 성질이 있습니다. 초등에서는 이 성질을 색종이를 자르거나 각도기로 직접 재는 활동을 통해 발견하지만, 중등에서는 이 성질을 증명해야 합니다. 간혹 이등변삼각형의 정의를 두 각의 크기가 같은 삼각형으로 잘못 아는 중학생들이 있습니다. 학생 입장에서는 당연한 것을 증명하라는 수학이 더욱 어려워질 수밖에 없습니다.

사각형 단원에서는 여러 가지 사각형의 정의를 알고, 그에 맞는 사각형을 찾아낼 수 있으면 됩니다. 자와 각도기를 이용해서 재어 보고 발견한 두 사각형의 성질은 다음과 같습니다.

평행사변형의 성질

1. 마주 보는 두 변의 길이가 같다.

2. 마주 보는 두 각의 크기가 같다.

3. 이웃한 두 각의 합이 180도이다.

마름모의 성질

1. 마주 보는 두 각의 크기가 같다.

2. 이웃한 두 각의 합이 180도이다.

3. 대각선이 서로 수직으로 만나고 이등분한다.

4. 마주 보는 두 변이 서로 평행하다.

중학교 2학년 때 배우는 사각형의 성질 단원에서 각 사각형들의 성질을 증명하고, 관계를 정립해야 하므로 <u>아이가 사각형의 정의와 성질은 반드시 기억하고 넘어갈 수 있도록 살펴 주세요.</u> 다각형 단원에서는 그동안 배운 평면도형을 일반화하는 다각형의 개념과 정다각형의 정의를 말할 수 있어야 합니다. 그리고 다각형에서 대각선을 그려 보고 그 수를 세는 활동을 통해 대각선의 수를 구할 수 있으면 됩니다.

컴퍼스와 각도기 사용

3학년 2학기 3단원에서는 컴퍼스를 사용해서 직접 원을 그려 보고 원의 성질을 발견합니다. '아테네학당' 그림을 보면 기하학의 아버지 유클리드가 컴퍼스를 들고 있는데요, 고대 그리스인들에게 가장 완전한 도형은 직선과 원이었습니다. 그래서 눈금 없는 자와 컴퍼스만을 사용하여 도형을 그리는 작도는 수학에서 아주 큰 비중을 차지했습니다.

4학년 1학기 2단원에서는 각도기를 사용해서 각도를 측정하는 방법을 배웁니다. 각도기 이용법을 익혀서 여러 가지 각을 그리는 방법도 연습합니다. 직각과 비교해서 예각, 둔각을 구별하고, 두 각도의 합과 차를 구할 수 있어야 합니다. 그리고 삼각형 세 각의 크기를 각도기로 잰 후 합하면 180도가 된다는 사실을 발견하게 됩니다. 사각형은 삼각형 2개로 나눌 수 있으므로 네 각의 크기의 합은 360도가 됩니다. 이것은 연산 영역의 구구단처럼 기본적으로 반드시 알아야 하는 내용입니다.

 수학 교사 엄마의 팁

중학교 1학년 때 배우는 삼각형의 작도를 잘하려면 교과서에 제시된 여러 가지 원들을 많이 그려 봐야 합니다. 아이가 컴퍼스 사용에 능숙해질 수 있도록 그려 보게 격려해 주세요. 연습이 필요합니다.

아이가 삼각형과 사각형의 합을 알게 되면 실력이 쑥 자랄 수 있도록 오각형 다섯 각의 크기의 합도 물어봐 주세요. 삼각형 세 개로 나눌 수 있으니까 540도라고 대답하면 엄지척 해 주시기 바랍니다.

평면도형의 이동

4학년 1학기 4단원에서는 평면도형을 밀고, 뒤집고, 돌리는 이동을 공부하게 됩니다. 삼각형, 사각형 공부하다가 갑자기 왜 도형을 밀고 뒤집고 돌리는 것일까요? 이것을 해야 5학년 때 배우는 '합동과 대칭'을 이해할 수 있고, 고등학교 1학년 때 배우는 '도형의 이동'을 추상화할 수 있는 힘이 생기기 때문입니다. 이 단원은 어려워하는 아이들이 많아서 재미있게 놀이처럼 접근해야 합니다. 패턴 블록같은 수학 교구를 이용하시거나, 핸드폰에 도형 뒤집기와 돌리기, 지오지브라 기하 같은 앱을 설치해서 가끔씩 아이가 놀이처럼 가지고 놀 수 있도록 노출해 주시는 것도 좋습니다. 충분한 놀이 경험을 한 후에 교과서를 이용해서 이동한 도형을 스스로 그려 보아야 합니다. 그러고나서 이동된 도형을 보고 이동 방법을 추론하여 설명해 보는 활동을 부모님과 함께 해 보면 좋습니다.

5학년 2학기 3단원에서는 합동과 대칭을 공부합니다. 모양과 크기가 같아서 포개었을 때 완전히 겹치는 두 도형을 합동이라고 합니다. 종이를 겹쳐 오리거나 데칼코마니 같은 활동들을 통해 합동은 아이들에게 친숙한 개념입니다. 이를 바탕으로 선대칭도형과 점대칭도형의 기본 개념과 원리를 배우게 됩니다. 한 직선을 따라 접었을 때 완전히 겹치는 도형을 선대칭도형이라 하고, 한 도형을 어떤 점을 중심으로 180도 돌렸을 때 처음 도형과 완전히 겹치는 도형을 점대칭도형이라고 합니다. 정의를 보면 아시겠지만, 아이들이 선대칭도형은 쉽게 이해하는데 반해 점대칭도형은 어려워합니다. 따라서 바람개비를 직접 만들어 본다거나, 한글과 알파벳같은 다양한 모양을 이용해서 점대칭도형을 찾는 연습을 많이 해 보아야 합니다. 그런 다음에 점대칭도형의 성질을 발견할 수 있도록 길이와 각도를 재 보고, 점대칭도형을 직접 그려 보는 활동들을 하면 됩니다. 5학년 여름방학 때는 점대칭도형인 바삭한 와플을 먹으며 점대칭도형들을 찾아보는 시간을 가져 보세요.

평면도형의 둘레와 넓이

5학년 1학기 6단원에서는 다각형의 둘레와 넓이를 구합니다. 둘레의 뜻(도형의 테두리를 두른 선의 길이)을 알고 정다각형과 사각형 둘레 구하는 방법을 식으로 나타낼 수 있어야 합니다. 정의와 성질을 이해하고 식이 성립하는 이유를 설명할 수 있으면 됩니다. 다음으로, 측정 영역에서 다루었던 넓이의 표준 단위인 $1cm^2$, $1m^2$, $1km^2$를 배웁니다.

$1cm^2$: 한 변의 길이가 1cm인 정사각형의 넓이

$1m^2$: 한 변의 길이가 1m인 정사각형의 넓이

$1km^2$: 한 변의 길이가 1km인 정사각형의 넓이

$1m^2 = 10000cm^2$, $1km^2 = 1000000m^2$

마지막으로, 각 다각형의 넓이 구하는 공식들을 발견합니다.

직사각형의 넓이	가로 × 세로
정사각형의 넓이	한 변의 길이 × 한 변의 길이
평행사변형의 넓이	밑변의 길이 × 높이
삼각형의 넓이	밑변의 길이 × 높이 ÷ 2
마름모의 넓이	한 대각선 길이 × 다른 대각선 길이 ÷ 2
사다리꼴의 넓이	(윗변의 길이 + 아랫변의 길이) × 높이 ÷ 2

아이들이 다각형의 넓이를 구하는 다양한 방법을 생각해 보고 추론할 수 있게 시간을 주세요. 그 후에 둘레와 넓이 구하는 문제를 풀면서 자연스럽게 공식이 외워지게 연습하면 됩니다.

6학년 2학기 5단원에서는 원의 넓이를 구하는 공부를 합니다. 원의 둘레인 원주를 배우고, 원의 지름에 대한 원주의 비율인 원주율을 배웁니다. (원주율) = (원주)÷(지름)으로 그 유명한 3.141592····인 π입니다. 중등에서는 문자를 사용하지만, 초등에서는 직접 원주와 지름의 길이를 재서 나눈 값으로 원주율을 어림합니다. 원주율을 이용해서 원의 넓이는 (반지름)×(반지름)×(원주율)이라는 공식을 찾습니다. 원의 넓이 구하는 공식을 찾기 위하여 아이와 가정에서 함께할 수 있는 활동은 3부(236 페이지)를 참고하시기 바랍니다.

입체도형

5학년 2학기 5단원 직육면체부터 본격적으로 입체도형을 공부하기 시작합니다. 직육면체에서는 평행한 면과 수직인 면을 찾을 수 있어야 하고, 모양을 잘 알 수 있도록 나타낸 그림인 겨냥도를 그릴 수 있으면 됩니다. 모서리를 잘라서 펼친 그림인 전개도도 그릴 수 있어야 합니다. 교과서 맨 뒤쪽 준비물 꾸러미에 정육면체와 직육면체 전개도가 있으니 여분 교과서를 이용해 미리 아이와 만들어 보셔도 좋습니다.

6학년 1학기 2단원에서는 각기둥과 각뿔을 배웁니다. 직육면체를 포함하는 좀 더 일반화된 각기둥의 겨냥도와 전개도를 그려 보고, 각뿔과 구별할 수 있으면 됩니다.

6학년 1학기 6단원에서는 직육면체의 부피와 겉넓이를 구합니다. 부피는 어떤 물건이 공간에서 차지하는 크기를 말합니다. 부피를 나타낼 때는 한 모서리의 길이가 1cm인 정육면체의 부피 1cm³를 표준 단위로 사용합니다. 부피가 1cm³인 쌓기나무를 사용하여 직육면체 속에 쌓기나무의 개수를 세어 보면서 (밑면의 넓이 × 높이)라는 부피 구하는 공식을 찾을 수 있습니다. 직육면체 겉넓이는 전개도를 이용하여 여섯 면의 넓이를 구한 후 모두 더하는 방법으로 구할 수 있습니다.

6학년 2학기 6단원에서는 회전체인 원기둥, 원뿔, 구에 대해 살펴보고, 원기둥의 전개도를 그려 봅니다. 중학교 1학년 때 배우는 입체도형의 겉넓이와 부피 단원의 기초가 되는 내용들이기 때문에 꼼꼼하게 정리하고 넘어갈 수 있도록 도와주시기 바랍니다.

도형 감각은 타고난다?!! ✏

도형은 연산과는 다르게 몸으로 익혀야 하는 것도 많고 기억할 것도 많아서 어찌 보면 참 귀찮은 영역입니다. 그런데 전 개인적으로 연산을 잘하는 학생들보다 도형 감각이 뛰어난 학생들이 공간지각력과 논리력 면에서 훨씬 더 수학머리가 좋다는 생각이 들곤 합니다. 그 학생들의 도형 감각은 타고난 것일까요? 단언컨대, 아무것도 하지 않고 타고난 능력으로 뛰어난 도형 감각을 가진 영화 속 주인공은 현실에 없습니다. 그리고 초등에서 고등까지 전체 도형 영역을 공부하는 과정에서 영화 속 능력을 필요로 하는 내용도 없습니다. 제가 만났던 도형 감각이 뛰어났던 학생들의 대부분은 귀찮음을 이겨내는 성실함이 있었고, 몸으로 도형 감각을 익힐 수 있는 환경에서 자란 아이들이었습니다. 아이들의 키가 자라듯 도형 감각도 자랍니다. 잘 자란 도형 감각은 좋은 수학머리로 꽃 피고, 좋은 수학머리는 우수한 수능 성적으로 연결될 가능성이 높습니다.

측정

측정	1학기	2학기
초1	**4단원**: 비교하기 (길이, 무게, 넓이, 들이) (더 길다, 더 짧다) (더 무겁다, 더 가볍다) (더 넓다, 더 좁다) (더 많다, 더 적다)	**5단원**: 시계 보기와 규칙 찾기 (몇 시 읽기, 몇 시 삼십 분 읽기)
초2	**4단원**: 길이 재기 cm	**3단원**: 길이 재기 m (길이의 덧셈과 뺄셈) **4단원**: 시각과 시간 (몇 시 몇 분 읽기) (1시간 = 60분) (1일 = 24시간) (1주일 = 7일) (1년 = 12개월)
초3	**5단원**: 길이와 시간 (1mm, 1km) (1분 = 60초) (시간의 덧셈과 뺄셈)	**5단원**: 들이와 무게 (들이의 덧셈과 뺄셈) (1L, 1mL) (무게의 덧셈과 뺄셈) (1kg, 1g, 1t)

시간, 길이, 들이, 무게 측정하기

시간, 길이, 들이, 무게를 측정하고 어림하는 연습을 하는 측정 영역은 초등에서 큰 부담 없이 공부해도 되는 내용입니다. 도형 영역과 약간씩 내용이 겹치는 부분은 편의상 중등과 연계되어 모두 도형 영역으로 넣었습니다. 그래서 4학년 이후 내용이 없고, 수능에 출제되는 내용도 없습니다. 그렇다고 중요하지 않은 것은 아닙니다. 측정 영역은 수학 문제집이 아니라, 반드시 생활 속에서 배울 수 있도록 부모님께서 알려 주셔야 합니다. 하지만 아이들이 성장하면서 대부분 자연스럽게 익히게 되는 내용이라서 너무 조급하게 생각하지 않으셔도 됩니다.

길이, 무게

'길이'는 표준 단위인 1cm, 1m, 1mm, 1km를, '무게'는 1kg, 1g, 1t을 익히고, 단위 변환과 간단한 덧셈, 뺄셈을 할 수 있으면 됩니다.

자와 줄자를 늘 눈에 보이는 곳에 두고, 수시로 길이를 어림해 보고 직접 측정해 보는 걸 생활화하시기 바랍니다. 요리용 저울을 구매하셔서 작은 물건의 무게를 직접 재 보기도 하고, 체중계에 올라가기 전에 가족의 몸무게를 서로 어림해 보는 것도 좋습니다. 1km의 거리를 직접 걸으면서 1t 트럭을 찾아보는 것도 추천합니다.

들이

'들이'는 어떤 그릇에 담을 수 있는 양을 나타냅니다. 보통 어떤 물건이 공간에서 차지하는 크기를 나타내는 부피와 혼용해서 사용하는 경우가 많습니다. 그러나, 그릇이 차지하는 부피가 같을지라도 그릇의 두께가 다르면 담을 수 있는 들이는 달라질 수 있습니다.

1학년 때 '더 많다, 더 적다' 비교하는 것부터 시작해서 표준 단위인 1L, 1mL를 익히고, 단위 변환과 간단한 덧셈, 뺄셈을 할 수 있으면 됩니다. 측정 영역에서의 연산은 받아올림이나 받아내림이 있는 계산에 집중하는 것을 지양하기 때문에 L는 L끼리, mL는 mL끼리 계산한다는 것 정도만 알고 넘어가도 됩니다. 대신에 아이와 함께 레시피를 보며 요리를 자주 해 보는 걸 추천합니다. 그 과정에서 아이는 들이와 무게를 자주 측정하게 되고, 양감을 익히게 됩니다. 생수나 우유를 마실 때 들이를 함께 살펴보는 것도 좋습니다.

단위 변환

단위 변환을 위한 단위 사이의 관계는 정해진 약속이기 때문에 아이가 여러 번 듣고 기억하고 있어야 합니다. 구구단처럼 바로 말할 수 있어야 단위 변환을 잘할 수 있습니다. 단위 사이의 관계는 아래 표를 참고하시기 바랍니다.

길이	1km = 1000m, 1m = 100cm, 1cm = 10mm
무게	1t = 1000kg, 1kg = 1000g
들이	1L = 1000mL

시간

2학년 2학기 4단원을 보면 시간 내용이 갑자기 무척 많아지는 걸 느끼실 겁니다. 분 단위까지 시각을 읽을 줄 알아야 하고, 1시간은 60분이라는 것을 배웁니다. 1일은 24시간, 1주일은 7일, 1년은 12개월이라는 일상적인 내용들도 배우게 됩니다. 보통 '시각과 시간'을 공부하면서 많은 부모님들이 초등 수학 공부의 첫 어려움에 봉착합니다. 경시대회나 영재교육원 준비를 하는 것이 아니라면, 시간과 관련되는 심화 문제는 굳이 풀지 않아도 됩니다. 그러나, 많은 내용을 빠른 시간에 한꺼번에 소화하기 어려운 아이들은 미리 2학년 여름방학에 시계 읽는 법을 익히는 것이 좋습니다. 교육용 벽시계를 구매하셔서 아이가 시계 읽는 것을 연습할 수 있도록 지속적으로 도와주세요. 시계 못 읽는 어른은 없으므로 잘 못 읽는다고 걱정하실 필요는 없습니다.

3학년 1학기 5단원에서는 1분이 60초라는 것과 시간의 덧셈과 뺄셈을 배웁니다. 시간은 60진법을 따르기 때문에 처음 접하는 아이들은 어려울 수 있습니다. 2학년 겨울방학 때 연산 문제집을 활용하여 아이들이 시간의 덧셈과 뺄셈에 익숙해질 수 있도록 도와주시면 좋습니다.

규칙성

규칙성	1학기	2학기
초1		5단원: 시계 보기와 규칙 찾기
초2		6단원: 규칙 찾기 (덧셈표, 곱셈표, 무늬, 쌓은 모양, 생활 속)
초4	6단원: 규칙 찾기 (수의 배열, 도형의 배열, 계산식)	
초5	3단원: 규칙과 대응 (대응 관계)	
초6	4단원: 비와 비율 (백분율)	4단원: 비례식과 비례배분 (비의 성질)

　연산이 초등 수학의 주요 내용이라면, 중등 수학의 주요 내용은 무엇일까요? 혹시, '함수'라고 하신 분 계시나요? 맞습니다. 함수는 중등 수학의 꽃입니다. 그 중요한 함수를 배우기 위한 기초 공부가 바로 규칙성 영역입니다. 따라서 초등 때 많은 내용을 배우지는 않지만, 중등 수학을 잘하기 위해서 반드시 탄탄하게 다져야 하는 영역입니다. 특히 6학년 때 배우는 비와 비율, 비례식과 비례배분은 학생들이 이해하기 어려운 개념일뿐만 아니라, 중등 수학의 기초가 되는 내용이므로 깊이 있는 공부가 필요합니다.

본격 중학 수학의 준비기

규칙 찾기

4학년까지의 규칙성 내용은 주로 배열된 수나 도형 속에서 규칙을 발견하는 활동입니다. 선수학습 지식이 없어도 이해할 수 있는 내용이라서 아이들이 퀴즈를 푸는 것처럼 즐겁게 공부하는 단원이죠. 물론 규칙을 쉽게 발견하기 어려운 문제들도 많습니다. 그렇지만 어렵다고 그냥 넘기지 마시고, 아이들의 사고력과 과제집착력을 키워 주기 위해 심화 문제에 도전해 보는 것도 좋습니다. 관찰하며 예상하고 유추하는 과정에서 추론 능력을 키울 수 있기 때문입니다. 하지만 아이가 싫어한다면 굳이 높은 수준의 문제까지 풀게 하지 않아도 됩니다. 규칙성 퍼즐이나 아이큐 테스트 게임과 같은 부담 없는 활동들을 일상에서 접하는 것만으로도 충분히 이 단원을 공부하는 데 무리가 없습니다.

규칙과 대응

표에 나와 있는 5학년 1학기 3단원의 '규칙과 대응' 단원부터 본격적인 함수 공부의 준비가 시작됩니다. 3부 2장 '함수'에서 자세히 다루겠지만, 함수는 두 양 사이의 관계를 표현하는 도구입니다. 한 양이 변할 때 다른 양도 그에 따라 일정하게 변하는 대응 관계에서 규칙을 찾아 식이나 그래프로 표현하는 방법을 공부합니다. 초등에서는 두 양 사이의 관계를 살펴보고 규칙을 발견한 후 식으로 표현할 수 있으면 됩니다. 그런 다음 중학교 1학년 때 두 양 사이의 관계를 좌표평면에서 그래프로 표현하는 방법을 배웁니다. 그럼, 여기서 중요한 질문을 하나 드리겠습니다.

"초등학교 수학과 중학교 수학의 가장 큰 차이가 무엇일까요?"

대부분의 부모님이 더 어려워지는 거라고 대답하실 겁니다. 그렇다면, 중학교 수학이 왜 더 어렵게 느껴질까요? 핵심은 '문자의 사용'입니다. 초등 때는 사과 1개, 2개, 3개, 이렇게 구체적으로 눈에 보이는 것만을 다루었다면, 중등 때는 사과 n개로 표현하는 일반화된 내용을 다룹니다.

'규칙과 대응' 단원에서 대응 관계를 식으로 나타낼 때, 각 양을 ○, □, △, ☆ 등과 같은 기호로 표현하기 시작하면서 문자를 사용할 수 있는 기초를 다지게 됩니다. 따라서 4학년 겨울방학에 수학을 예습할 때는 두 양 사이의 관계를 대화를 통해 일반화하는 연습을 해 보면 좋습니다. 이해를 돕기 위해 교과서에 있는 내용을 가지고 예를 들어 보겠습니다.

"철수야, 1초에 6m를 나는 드론이 있어. 그럼 2초에는 몇 미터를 갈까?"

"12m요."

"어머, 맞았어. 그럼 3초에는 얼마나 갈까?"

"18m죠."

이런 식으로 6초까지 정도 물어본 후 다음 질문을 합니다.

"그럼, ☆초에는 얼마나 갈까?"

"6 × ☆m요."

이렇게 대답한다면 철수는 일반화를 하는 단계로 올라선 것입니다. ☆ 대신에 문자 x를 넣어 물어보는 것도 좋습니다. 이런 대화를 네댓 번만 해도 아이는 중등 수학을 훨씬 편하게 느낄 것입니다.

비와 비율

6학년 1학기 4단원의 비와 비율은 우리 생활과 밀접하게 연계되어 있는 내용입니다. 물건의 할인율, 야구 선수의 타율, 선거의 득표율처럼 자주 쓰이는 개념이지만, 학생들은 이 단원을 어려워합니다. 그 이유는 다음을 보시면 알 수 있습니다.

두 수를 나눗셈으로 비교하기 위해 기호 :을 사용하여 나타낸 것을 '비'라고 합니다. 두 수 3과 2를 비교할 때 3:2라 쓰고, "3과 2의 비", "3의 2에 대한 비", "2에 대한 3의 비"라고 읽습니다.

기준량에 대한 비교하는 양의 크기를 비율이라고 합니다.
(비율) = (비교하는 양) ÷ (기준량)

이 두 개는 수학 교과서에 나온 비와 비율의 정의를 옮겨 적은 내용입니다. 정의가 잘 이해가 되시나요? 부모님들도 쉽게 해석이 안 될 텐데, 우리 아이들은 더 어렵게 느껴질 게 분명합니다.

수학에서는 수를 배우고 나서 계산을 시작하기 전에 반드시 배우는 내용이 하나 있습니다. 그렇게 어렵지 않기 때문에 대부분의 아이들이 쉽게 이해하고 저도 교육과정 설명 속에 굳이 언급하지 않았습니다. 그러나 교과서를 찾아보면 늘 있는 내용입니다. 바로 '두 수의 크기 비교'입니다. 6과 3을 비교할 때 6이 3보다 3만큼 크다는 사실은 뺄셈을 통해 금방 확인할 수 있습니다. 아이들은 지금까지 이런 방법으로 두 수의 관계를 비교해 왔습니다. 그런데 6이 3보다 2배만큼 크다는 비교도 나눗셈을 통해 확인할 수 있습니다. 이렇게 두 수의 관계를 나눗셈으로 비교하는 것이 바로 비의 개념이고, 그 관계를 수로 나타낸 것이 비율입니다. 비율을 나타내는 방법은 분수, 소수, 백분율 세 가지가 있습니다. 그럼 언제 두 수의 관계 비교를 나눗셈으로 하는 것이 좋을까요? 예를 들어 소불고기를 만들기 위한 4인 기준 레시피를 보면 소고기 500g과 대파 100g이 필요합니다. 이때, 우리에게는 소고기와 대파 사이의 절대적이 차이 400g보다는 소고기가 대파의 5배가 필요하다는 상대적인 비교가 더 중요합니다. 만들 때마다 레시피의 기준 인원 수가 계속 변하기 때문입니다. 2인 기준으로 소불고기를 만들 때는 소고기 250g과 대파 50g이 필요합니다. 이때, 뺄셈을 통한 절대적인 차이는 변하지만 나눗셈을 통한 비교는 변하지 않기 때문에 소고기와 대파의 관계를 잘 나타낼 수 있습니다. 이렇게 변하는 두 양을 비교할 때 한 양을 기준으로 다른 양이 몇 배가 되는지를 나타내야 하기 때문에 '비'라는 개념을 만들었습니다. 비는 두 양의 절대적인 크기를 비교하는 것이 아니라, 기준을 정하여 상대적인 크기를 비교하는 것입니다. 6:3은 6이 3을 기준으로 몇 배인지를 비교하는 비입니다. 이때 몇 배인지를 알려 주는 수가 바로 비율입니다. (비율) = (비교하는 양) ÷ (기준량) = 6÷3 =2이므로 2배가 되는 것입니다. 대파의 양이 소고기의 양을 기준으로 몇 배인지를 비교하는 비는 100:500이고, 비율은 $\frac{1}{5}$이나 0.2, 또는 20%로 나타낼 수 있습니다.

여기에서 20%는 기준량을 100으로 할 때의 비율인 백분율입니다. 소고기의 양이 100g일 때 대파의 양은 20g이 되므로 비율은

$\frac{20}{100}$ 이고, 이를 20%라고 쓰기로 약속합니다. 분모가 항상 100이 되어야 하므로, 전체를 100으로 보았을 때 100의 $\frac{1}{5}$ 만큼은 $\frac{1}{5} \times$ 100 = 20이 됩니다. 따라서, 백분율은 비율에 100을 곱해서 계산한 후 % 기호를 붙이면 됩니다. 백분율은 티셔츠와 바지의 판매율처럼 서로 다른 두 비율을 비교할 때 편리합니다.

이제 비와 비율의 개념이 조금 이해가 되시나요? 아직도 낯선 분이 많을 겁니다. 왜냐하면, 예전 부모님들이 배웠던 방법과 다른 방식으로 내용이 전개되고 있기 때문입니다. 비와 비율의 정의는 우리나라 초등 교육과정이 개정될 때마다 달라져 왔습니다. 이를 보면 수학 교육 전문가들조차도 합의된 견해를 갖기 어려운 다양성과 복잡성을 가진 개념임에 틀림없습니다. 그러나 학교에서 비와 비율의 개념을 배울 수 있는 수업 시간은 단 두 시간입니다. 그렇기 때문에 반드시 5학년 겨울방학에 비와 비율 개념을 아이가 충분히 접할 수 있는 기회를 만들어 주셔야 합니다. 학원에서 비와 비율이라는 단어를 들어보는 걸 뜻하는 것이 아닙니다. 문제집을 미리 풀어 보라고 말씀드리는 것도 아닙니다. 아이에게 비와 비율이 왜 필요하고, 이렇게 정의 내릴 수밖에 없었던 이유를 생각할 수 있는 활동들을 미리 제공해 주셔야 한다는 것입니다. 너무 어려우시죠? 그래서 제가 저희 딸과 하는 활동들을 3부 '비와 비율'(230 페이지)에 정리해 두었습니다. 비와 비율의 개념이 제대로 머릿속에 자리를 잡은 후 비율을 분수, 소수, 백분율로 나타내는 것을 연습하면 됩니다. 이 단원을 탄탄하고 깊이 있게 공부해야 다음 단원에 나오는 띠그래프, 원그래프를 잘 그릴 수 있고, 2학기에 나오는 비례식과 비례배분을 쉽게 이해할 수 있습니다.

비례식과 비례배분

6학년 2학기 4단원의 비례식과 비례배분은 1학기 때 배운 '비'의 성질을 발견하고, 이를 이용해서 비를 간단한 자연수의 비로 나타내는 것을 배웁니다.

두 비 3:4와 6:8을 살펴보면 비율이 모두 $\frac{3}{4}$으로 같습니다. 비 3:4에서 앞에 있는 3을 전항, 뒤에 있는 4를 후항이라고 할 때, 전항과 후항에 똑같이 2를 곱해도 비율은 같음을 확인할 수 있습니다. 이렇게 비의 전항과 후항에 0이 아닌 수를 곱하거나 나누어도 비율은 같다는 것이 비의 성질입니다.

비율이 같은 두 비를 기호 '='를 사용하여 3 : 4 = 6 : 8이라고 쓰고, 이와 같은 식을 비례식이라고 합니다. 이때, 바깥쪽에 있는 3과 8을 외항, 안쪽에 있는 4와 6을 내항이라고 합니다. 외항의 곱과 내항의 곱은 서로 같다는 비례식의 성질을 여러 비례식의 예를 통해 아이들은 확인할 수 있습니다. 규칙성 영역의 마지막 내용인 비례배분은 전체를 주어진 비로 배분하는 것을 의미합니다. 예를 들면, 사탕 18

개를 2 : 7로 나누는 경우, 각각 18의 $\frac{2}{9}$인 4개와 18의 $\frac{7}{9}$인 14개를 가지게 되는 것입니다.

　비례식과 비례배분은 비와 비율의 개념에 비해 이해가 쉽고 논리적인 흐름을 따라가면 공부하는 데 큰 어려움은 없습니다. 하지만 이 단원은 중1 때 배우는 '정비례와 반비례', 중2 때 배우는 '일차함수'를 잘 이해하는 데 반드시 필요한 내용입니다. 또 중등 도형을 공부하는 데 비례식이 많이 쓰이기 때문에 꼼꼼하고 정확하게 공부하고 넘어가야 합니다.

자료와 가능성

자료와 가능성	1학기	2학기
초2	**5단원**: 분류하기 (분류 기준)	**5단원**: 표와 그래프
초3		**6단원**: 자료의 정리 (그림그래프)
초4	**5단원**: 막대그래프	**5단원**: 꺾은선그래프
초5		**6단원**: 평균과 가능성
초6	**5단원**: 여러 가지 그래프 (띠그래프, 원그래프)	

　　자료와 가능성 영역은 중등의 확률과 통계를 공부하기 위한 기초 역량을 키우는 내용들로 이루어져 있습니다. 인류 역사상 가장 많은 정보 속에서 살고 있는 우리 아이들에게 확률과 통계를 합리적으로 사용할 수 있는 능력을 길러 주는 것은 수학 교육의 중요한 목표입니다. 사회 시간에 인구에 대한 정보를 나타내는 그래프나 과학 시간에 실험한 결과를 대표하는 평균처럼 다른 교과 내용을 이해하기 위해서도 자료와 가능성은 중요한 영역입니다.

중등의 확률과 통계 공부의 기초

문제 설정, 자료의 수집, 분류, 정리, 해석은 통계의 주요 과정이고, 사건이 일어날 가능성을 수치화하는 것이 확률입니다. 이 영역은 아이들이 이해하기 쉬운 내용입니다. 신문이나 인터넷 기사에서 통계나 확률 관련 활동들을 방학 때 한두 번 정도 해 보시기를 추천합니다. 단원이 끝난 후에는 관련 내용들을 정리할 수 있는 활동으로 복습해 주면 충분합니다. 예를 들어 막대그래프 단원에서는 일상에서 주제를 하나 정하고, 자료를 수집한 후 막대그래프로 표현하고, 그걸 통해 알 수 있는 내용을 아이와 함께 이야기해 보세요.

자료와 가능성 영역은 2학년 1학기 5단원 분류하기부터 시작됩니다. 정확한 분류 기준을 세우고, 표를 작성해서 분류 결과를 말할 수 있으면 됩니다. 자료를 분류할 때 사용한 자료는 빗금을 치면서 세면 실수를 줄일 수 있습니다.

그림그래프

2학년 2학기 5단원 표와 그래프 단원에서는 조사한 자료를 정리하기 위해 표와 그래프로 나타내는 것을 배웁니다. 표와 그래프를 통해 자료를 한눈에 쉽게 알아볼 수 있다는 것을 알게 되고, 자료를 해석하는 방법을 연습합니다.

3학년 2학기 6단원 자료의 정리에서는 표를 해석하고 다음과 같은 그림그래프로 정리하는 방법을 배웁니다.

우리 반 학생들이 도서관에서 빌린 책

종류	책의 수
동화책	
위인전	
과학책	
백과사전	

10권 　1권

그림그래프는 자료의 수치를 그림으로 나타내는 그래프로, 수치의 단위를 무엇으로 하는가에 따라 다양한 형태로 표현이 가능합니다. 적은 양의 자료는 2학년 때 배운 그래프로도 충분히 표현이 가능하지만, 양이 많은 자료에서는 일일이 하나씩 나타내기가 어렵기 때문에 그림그래프가 필요합니다. 표를 그림그래프로 나타내기 위해서는 어떤 그림으로 나타낼지 생각한 후, 그림으로 표현할 단위를 정하면 됩니다.

막대그래프

4학년 1학기 5단원에서는 다음과 같은 막대그래프로 자료를 정리하는 방법을 배웁니다.

올림픽 경기 종목별 금메달 수

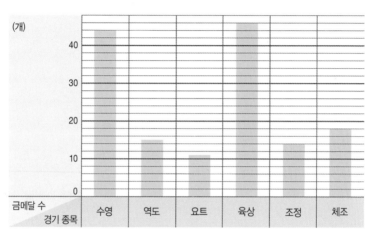

조사한 자료를 막대 모양으로 나타낸 그래프를 막대그래프라고 합니다. 셀 수 있는 자료를 정리할 때 가장 많이 쓰이며, 자료의 범주를 한눈에 파악할 수 있습니다. 막대그래프의 가로와 세로에 무엇을 나타낼지 먼저 정한 후, 가장 큰 수를 고려해서 눈금 한 칸의 크기를 정하면 됩니다. 조사한 수만큼 막대의 길이를 그린 후 제목을 쓰는 것도 잊지 말아야 합니다. 막대그래프의 특성을 잘 정리해 두면 중학교 1학년 때 배우는 히스토그램을 이해하기 쉽습니다.

꺾은선그래프

4학년 2학기 5단원에서는 다음과 같은 꺾은선그래프를 공부합니다.

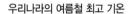

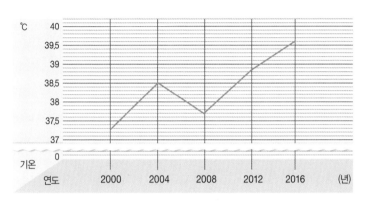

수량을 점으로 표시하고, 그 점들을 선분으로 이어 그린 그래프를 꺾은선그래프라고 합니다. 꺾은선그래프는 시간에 따른 경향성을 나타내는 데 유용하고, 이를 이용해서 미래에 일어날 일을 예측할 수 있습니다. 꺾은선그래프는 아이들이 처음 접할 때 어려워할 수 있으므로 여름방학 때 교과서를 보며 함께 그려 보면 좋습니다. 꺾은선그래프를 보고 자료를 해석할 수 있어야 하기 때문에 아이와 함께 그래프가 나타내는 뜻을 이야기해 보면 더 좋습니다.

띠그래프와 원그래프

6학년 1학기 5단원 여러 가지 그래프에서는 띠그래프와 원그래프를 공부합니다. 막대그래프, 꺾은선그래프는 표에 나타난 절대적 수치를 사용하여 그래프를 그리는 반면, 띠그래프와 원그래프는 전체와 부분 사이의 관계를 비율로 나타내는 비율 그래프입니다. 그림처럼 전체에 대한 각 부분의 비율을 띠 모양으로 나타낸 그래프를 띠그래프라고 하고, 원 모양으로 나타낸 그래프를 원그래프라고 합니다.

띠그래프와 원그래프를 그리기 위해서는 기준량을 100으로 할 때의 비율인 백분율을 먼저 계산해야 합니다. 띠그래프는 가로를 100 등분하고, 원그래프는 원의 둘레를 100 등분하여 각 항목이 차지하는 백분율의 크기만큼 선을 그어 띠와 원을 나눕니다. 두 그래프 모두 각 항목끼리의 비율을 쉽게 비교할 수 있다는 공통점이 있습니다. 차이점은 원그래프는 띠그래프에 비해 낮은 비율도 비교적

분야별 자원봉사자 수

| 2012년 | 생활 편의 (32%) | 안전·방범 (20%) | 문화 행사 (9%) | 환경 보호 (7%) | 기타(교육, 상담 등) (32%) |

| 2017년 | 생활 편의 (24%) | 안전·방범 (16%) | 문화 행사 (11%) | 환경 보호 (9%) | 기타(교육, 상담 등) (40%) |

(출처: 분야별 현황, 1365 자원봉사 포털, 2017.)

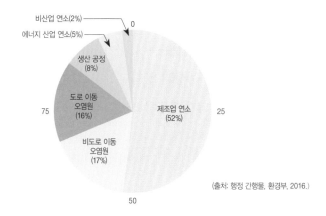

초미세먼지 배출량

비산업 연소(2%)
에너지 산업 연소(5%)
생산 공정 (8%)
도로 이동 오염원 (16%)
비도로 이동 오염원 (17%)
제조업 연소 (52%)
0
25
50
75

(출처: 행정 간행물, 환경부, 2016.)

쉽게 나타낼 수 있고, 비율이 변화하는 상황은 앞의 예시처럼 띠그래프로 표현하는 것이 더 편리하다는 것입니다. 수업 마지막 차시에는 통계 활용 포스터를 만드는 활동이 있습니다. 각종 그래프를 파워포인트나 엑셀, 한글 등의 프로그램으로 그리는 방법을 아이들이 연습할 수 있도록 도와주시기 바랍니다. 중등에서는 '이지통계' 같은 소프트웨어를 사용하여 자료를 정리하고 해석하는 방법을 배우기 때문에 통계교육원 사이트의 '통그라미'에 접속하여 아이들이 미리 공학적 도구를 체험해 보는 것도 좋습니다.

평균과 가능성

5학년 2학기 6단원 평균과 가능성에서는 수집된 자료를 대표하는 값으로서의 평균과 확률 개념의 기초가 되는 가능성을 공부합니다. 아이들은 평균을 계산할 수 있어야 하고, 일이 일어날 가능성이 확실한 경우는 1, 반반일 경우는 $\frac{1}{2}$, 불가능한 경우는 0으로 표현할 수 있어야 합니다. '가능성'은 중학교 2학년 때 확률을 배우면서 다시 개념을 정립하게 되기 때문에 초등 수준에서는 가볍게 넘어가시면 됩니다.

중등 수학과 연계해 꼭 공부해야 할 단원은 뭐죠?

아이 수학 공부를 집에서 봐주기, 많이 힘드시죠? 내 아이가 이 정도는 알 것이라 생각했던 기대는 어처구니 없는 실망감으로 변하고, 갑자기 엄습해 오는 불안감은 결국 분노로 폭발하게 됩니다. 학교에서는 세상 친절한 수학 선생님이지만 딸에게는 아동 학대를 방불케 하는 고성을 쏟아내는 저를 보며 자식에게 수학을 잘 가르친다는 것이 얼마나 대단한 일인지 느끼곤 했습니다. 그 대단한 일을 해내고자 오늘도 노력하는 대한민국의 많은 부모님들을 위해 제가 초등 수학에서 반드시 알아야 하는 'Must 3'를 알려 드리려 합니다. 제가 중등 수학 교육과정을 가르치면서 '이것만은 반드시 초등 때 공부하고 왔어야 했다'고 느꼈던 'Must 3'가 있습니다. 1장의 초등 수학 교육과정이 너무 길다면 지금부터 알려 드리는 이 3개 내용만이라도 꼭 읽어 보셨으면 합니다. 초등 때 실컷 놀고, 중등 때 마음 잡고 공부해서 성적이 오르는 아이들은 모두 'Must 3' 밑천이 있는 아이들이었습니다.

Must 1 분수의 개념과 연산

Must 1은 '분수의 개념과 연산'입니다. 초등 때 외우는 구구단만큼 중요한 것이 중등 때 분수의 개념과 연산이라고 할 수 있습니다. 구구단을 모르면 초등 수학을 할 수가 없듯이, 분수의 개념과 연산을 모르면 중등 수학은 시작도 할 수가 없습니다. 중학교 1학년 때 배우는 정수와 유리수, 문자의 사용과 식의 계산, 일차방정식은 모두 분수를 제대로 이해하고, 능숙하게 사칙연산을 할 수 있음을 전제로 수업이 진행됩니다. 1학년 수학의 40% 이상이 분수를 기초로 진행되는 과정이라서 초등 때 반드시 분수의 개념과 연산은 완벽하게 숙지해야 합니다. 1학년 때 공부한 내용을 기반으로 2학년, 3학년 수학을 이해할 수 있기 때문에 분수의 개념과 연산은 Must 1입니다. 특히, 분모가 다른 분수의 덧셈과 뺄셈을 계산하기 위해 배우는 '약수와 배수' 부분은 중학교 1학년 1단원 소인수분해를 공부하는 밑바탕이 됩니다. 중등 수학의 첫 인상이 아이들에게 친숙하게 다가오도록 6학년 겨울방학 때 초등 교과서의 분수 관련 내용은 반드시 복습하시기 바랍니다. 저희 딸에게 초등 수학에서 단 한 가지만 가르쳐야 한다면 저는 분수를 가르칠 것입니다.

Must 2 비와 비율, 비례식

분수의 뒤를 잇는 Must 2는 6학년 때 배우는 비와 비율, 비례식입니다. 비와 비율은 실생활뿐만 아니라, 수학의 전 영역에 녹아 있는 개념입니다. 유리수, 무리수, 함수, 확률, 삼각비 등 중등 수학의 많은 내용에 내재되어 있기에 반드시 개념을 탄탄하게 정리하고 중등으로 올라가야 합니다. 비와 비율, 비례식을 이해하는 것은 높은 수준의 사고력이 필요하기에 6학년 끝자락에 위치해 있고, 초등 수학의 '정점'이기도 합니다. Must 1의 자리를 아쉽게 분수에게 넘겨주었으나, 비율이 분수로 표현되기 때문에 이미 Must 1입니다.

변하는 두 양 사이의 비율이 항상 일정한 관계를 비례 관계라고 합니다. 정비례와 반비례, 일차함수, 닮은 도형의 성질 등 중학교 수학은 대부분 비와 비율, 비례식의 개념을 기초로 비례 관계를 다루고 있습니다. 초등 때까지는 수학을 잘하던 아이가 중학교 시험에서 무너지는 이유의 대부분은 비례 관계에 대한 개념이 제대로 정립되지 못했기 때문입니다. 많은 아이들이 보통 6학년이 되면 중등 수학 공부를 시작하지만, Must 2가 없는 중등 수학 공부는 모래 위에 집을 짓는 것과 같습니다. 3부에 실린 비와 비율에 관한 실생활 선행 활동을 아이와 함께 꼭 해 보신 후, 교과서와 기본 문제집을 공부할 수 있도록 도와주세요. 특히 이 단원은 심화 문제집까지 분석하면서 깊이 있게 다루어 주시길 권합니다. 비와 비율에 관련되는 수학 도서도 아이가 읽어 볼 수 있게 준비해 주시기 바랍니다. 비율의 개념이 아이 머릿속에 잘 자리잡도록 도와주는 것이 최고의 졸업 겸 입학 선물이 될 것입니다.

Must 3 삼각형, 사각형의 정의와 성질

마지막 Must 3는 삼각형, 사각형의 정의와 성질입니다. 중등에서 도형 영역은 대부분 2학기에 배우게 됩니다. 초등 때 배웠던 입체도형의 겉넓이와 부피도 다루지만, 거의 평면도형 위주로 공부하게 됩니다. 삼각형, 사각형, 다각형, 원 등 초등 때 거의 접했던 내용들이기 때문에 아이들에게 낯설지는 않습니다. 그런데 아이들이 중등 수학 공부를 할 때 가장 어려워하는 영역이 도형입니다. 초등 때는 도형을 만지고 측정하면서 성질을 발견했다면, 중등 때는 그 성질들을 증명해야 합니다. 논리적 사고력을 바탕으로 엄밀하게 추론하고 그 사실들을 체계적으로 기술할 수 있어야 합니다. 예를 들어, 초등 때는 평행사변형의 마주보는 두 변의 길이가 같다는 성질을 직접 자로 재어서 확인했습니다. 중등 때는 평행사변형의 정의로부터 위의 성질을 증명할 수 있어야 합니다. 아이들은 증명 자체를 어려워합니다. 그런데 각 도형의 정의와 성질조차 머릿속에 남아 있지 않다면 아예 도형 문제는 쳐다보지도 않게 됩니다. 거기에 더해 직각삼각형, 이등변삼각형, 정삼각형, 직사각형, 정사각형, 사다리꼴, 평행사변형, 마름모 같은 나열하기 힘들 정도로 많은 종류의 삼각형과 사각형들이 있습니다. 이 도형들을 체계적으로 구조화하는 중등 수학을 잘하기 위해서는 반드시 개별적 도형들의 정의와 성질이 탄탄하게 정리되어 있어야 합니다. 아마 6학년 겨울방학 때쯤에는 이 내용들을 기억하고 있는 아이들이 거의 없을 것입니다. 잠자고 있던 기억을 깨워 줄 수 있도록 도형들을 가지고 마인드맵을 작성해 보거나, 도형 영역 노트 정리한 것을 가지고 복습을 하면서 중등 2학기를 기대하며 맞이해야 합니다.

우리 아이들이 수학을 공부하는 과정을 집 짓는 일에 비유한다면 초등 시절은 바닥 공사를 하는 지점쯤이 될 것입니다. 튼튼한 집을 짓기 위해서 탄탄한 바닥 공사는 기본입니다. 제가 알려 드린 'Must 1-3'는 바닥에서 올라가는 기둥입니다. 이 책을 통해 중요한 대목을 보는 눈을 키워서 효율적으로 공부하고 지혜롭게 쉴 수 있었으면 하는 바람입니다. 그리하여 우리 아이들에게 수학이 즐겁고 가벼운 과목이 되면 좋겠습니다. 세찬 바람에도 흔들리지 않는 견고한 기둥을 가진 멋진 초등 아이들을 만나게 되길 기대합니다.

2장

초-중-고 수학 공부
로드맵

불안은 무지에서 온다고 하죠. 아이의 수학 공부가 불안한 것은 여러분이 수학 공부라고 하는 마라톤의 출발선과 종착점을 모르기 때문입니다. 불안을 해결하는 방법은 간단합니다. 수학에 대해 알면 됩니다. 1장을 읽고 또 읽으세요.

2장에서는 수학 공부의 종착점과 그곳으로 가기 위해 반드시 거쳐야 하는 곳을 알려 드립니다. 제가 치열하게 공부하여 만든 초-중-고 수학 공부의 로드맵도 보여드립니다. 그래서 제가 알려 드리는 내용들을 참고해 아이에게 적합한 로드맵을 만드시면 좋겠습니다.

세상 그 어디에도 수학 교육의 정답은 없습니다. 아이들은 각자의 속도와 방법으로 종착점에 도착하면 됩니다. 아이의 성향을 존중해 주면서 제시간에 종착점에 도착할 수 있도록 하는 로드맵은 오직 부모님만이 만들 수 있습니다. 수학이라는 낯선 땅에 홀로 덩그러니 남아 있지 않도록 지금부터 제가 수학 공부의 종착점과 로드맵 만드는 방법을 상세하게 설명해 드리겠습니다. 부디 제 작은 손길이 부모님들께 맞닿아 어떤 불안의 손길에도 흔들림 없는 바위처럼 우리 아이들의 주춧돌이 되어 주시기를 소망합니다.

수학 공부의
종착점

　　　　　　　　수학 공부의 종착점, 부모님들마다 다르겠지만, 저는 평범한 지능의 저희 딸이 성실하게 공부해서 수능 수학 시험에서 1등급을 받는 종착점을 꿈꿉니다. 객관식 시험의 특성상 어쩌다 운이 좋아서 한두 문제 더 맞을 수는 있겠지만, 수능에서 1등급을 받는다는 게 결코 쉬운 일이 아닙니다. 깊이 있는 수학 개념의 이해와 차곡차곡 쌓인 노력에서 오는 자신감 없이는 얻기 어려운 결실입니다. 1등급이라는 결과보다도 그 종착점에 도착하기까지의 과정을 경험하는 것만으로도 충분히 수학적 사고력을 기를 수 있다는 판단이 섰기에 저는 딸아이 수학 공부의 종착점을 수능 1등급으로 정했습니다.

　　2025년부터 고교학점제가 전면적으로 실시되면 2028학년도 수능은 아마 여러 가지 면에서 큰 변화를 겪을 것입니다. 고교학점제란, 고교생이 대학생처럼 진로에 따라 다양한 과목을 선택하고 이수할 수 있는 제도입니다. 누적 학점이 기준에 도달하면 졸업을 인정받습니다. 수학 내에서도 학생들의 선택 과목이 모두 다르기 때문에 지금처럼 모든 학생들의 성적을 상대평가로 1등급부터 9등급까지 산출하기가 어렵습니다. 그렇기 때문에 수학 영역을 절대평가로 전환하고, 수능을 선발이 아닌 자격 시험으로 바꾸어야 한다는 논의가 진행 중입니다. 객관식 평가의 한계를 극복하고자 논술형 내지 서술형 문항 도입도 검토되고 있습니다. 그러나 수능이 어떤 모습으로 바뀌더라도 확실한 것은 초, 중, 고 수학 교육과정을 깊이 있게 제대로 공부한 학생에게 유리하다는 것입니다. 초등에서는 실생활에서 경험한 내용을 바탕으로 수학에 대한 흥미를 키우고, 중등에서는 논리적으로 추론하는 과정을 통해 사고력을 키워야 합니다. 어떻게 하면 흥미와 사고력을 키워서 수능 1등급을 받을 수 있을지 궁금하시죠? 우선, 1등급으로 가기 위해 반드시 먼저 도착해야 하는 곳을 알려 드리겠습니다.

숱하게 많은 고3 학생들을 본 결과, 저는 고등학교 2학년 겨울방학에는 수능 기출문제를 풀 수 있어야 한다는 결론에 이르렀습니다. 참 쉬워 보이고, 어쩌면 당연해 보이는 이 한 줄을 해내는 고2가 아쉽게도 대한민국에 별로 없습니다. 아주 오래 전에 수학을 포기

했거나, 수능 기출문제를 풀겠다는 계획이 없는 경우가 다반사입니다. 수능 출제의 기본은 기출문제 속의 개념을 이미 출제된 문제와는 다른 형태의 새로운 문항으로 탄생시키는 것이 핵심입니다. 10년 치의 기출문제를 풀어 보면 매해 늘 출제되는 개념이 보입니다. 그 개념은 이번 수능에서도 반드시 출제됩니다. 학생 스스로 그 출제 포인트를 잡아내는 능력이 필요합니다. 따라서, 기출문제 속 핵심 개념을 고2 겨울방학에 반드시 정리해야 합니다. 고3 때는 그 개념들이 어떻게 문제 속에 녹아드는지 파악해야 합니다. 물론 아주 뛰어난 학생은 고1 때 수능 기출문제를 풀 수도 있을 것입니다. 또 고등 수학 교육과정을 세 번 정도 반복해서 공부한 학생도 있을 것입니다. 그러나 한정된 시간과 기억을 잘 활용하기 위해서 저는 빨리 도착하는 것보다 천천히 제대로 제시간에 가는 방법을 선택하였습니다. 수학은 반복보다는 이해가 더 중요한 과목이라고 생각하기 때문입니다.

고2 겨울방학에 수능 기출문제를 풀 수 있도록 저는 딸의 성장 시기와 우리나라 교육 실정에 맞춘 수학 교육의 로드맵을 작성했습니다. 적당한 시기에 저희 딸에게 로드맵의 내용을 제안하고, 가장 좋아하는 방법을 선택할 수 있도록 수학 공부의 장을 펼쳐 주었습니다. 물론 아이의 상황과 여건에 따라 지속적으로 수정 보완해 나가는 과정을 거치고 있습니다. 지금부터 초등 1학년부터 고등 3학년까지의 전체 로드맵을 꼼꼼하게 살펴보고 자세한 내용들을 하나씩 설명해 보겠습니다.

초등 1학년—고등 3학년까지의
전체 로드맵

시기		필수 매일 복습		필수 예습	선택 활동
초1		교과서, 수학익힘책 기본 문제집		방학에 한 학기 교과서 예습 (2학년 겨울방학에는 기본 문제집도 풀기)	수학 동화 수학 교구 보드게임
초2					
초3		교과서, 수학익힘책 응용 문제집		방학에 한 학기 교과서 예습. 기본 문제집	창의·사고력 수학 경시대회 영재교육원
초4					
초5	1학기	교과서, 수학익힘책 응용 문제집	연산 문제집 매일 일정량 꾸준히 풀기		
	여름방학	심화 문제집		5-2 교과서 예습 기본 문제집	
	2학기	교과서, 수학익힘책 응용 문제집			
	겨울방학	심화 문제집		6-1 교과서 예습 기본 문제집	PBL 활동 수학 토론 수학 도서 수학 소프트웨어 수학 다큐멘터리
초6	1학기	교과서, 수학익힘책 응용·심화 문제집 그날 진도 풀기			
	여름방학	초등 교과서 총복습		6-2 교과서 예습 기본 문제집	
	2학기	교과서, 수학익힘책 응용·심화 문제집 그날 진도 풀기			
	겨울방학	'Must 3' 정리		중1 교과서 예습 기본 문제집	

시기		필수 매일 복습	필수 예습	선택 활동
중1	1학기	교과서, 응용·심화 문제집 1 그날 진도 풀기		자유학기제
	여름방학	1학기 심화 문제집 2	2학기 응용·심화 문제집 1	수학 체험전
	2학기	교과서, 심화 문제집 2 그날 진도 풀기		수학 동아리 수학 축제
	겨울방학	1학년 교과서 복습	중2 교과서 예습 기본 문제집	수학 캠프
중2	1학기	교과서, 응용·심화 문제집 1 그날 진도 풀기		
	여름방학	1학기 심화 문제집 2	2학기 응용·심화 문제집 1	
	2학기	교과서, 심화 문제집 2 그날 진도 풀기		
	겨울방학	2학년 교과서 복습	중3 교과서 예습 기본 문제집	
중3	1학기	교과서, 응용·심화 문제집 1 그날 진도 풀기		
	여름방학	1학기 심화 문제집 2	2학기 응용·심화 문제집 1	
	2학기	교과서, 심화 문제집 2 그날 진도 풀기		
	겨울방학	3학년 교과서 복습	고1 교과서 예습 기본 문제집	

시기		필수 매일 복습	필수 예습	선택 활동
고1	1학기	교과서 응용·심화 문제집 1 그날 진도 풀기		교육과정 선택
	여름방학	1학기 심화 문제집 2	2학기 응용·심화 문제집 1	
	2학기	교과서, 심화 문제집 2 그날 진도 풀기		
	겨울방학	1학년 교과서 복습	수Ⅰ, 수Ⅱ 교과서 예습, 기본 문제집	
고2	1학기	교과서 응용·심화 문제집 1 그날 진도 풀기		
	여름방학	1학기 심화 문제집 2	확률과 통계 교과서 예습, 기본 문제집	
	2학기	교과서 응용·심화 문제집 1 그날 진도 풀기		
	겨울방학	2학기 심화 문제집 2	수능 기출 분석하기	
고3	1학기	내신 성적 대비	6, 9 모의고사 기출 분석하기	
	여름방학	수능 시뮬레이션		

위 로드맵은 고등학교 2학년 1학기 수Ⅰ, 수Ⅱ 3단위 지정, 2학년 2학기 확률과 통계 3단위 지정을 선택한 학교와 확률과 통계를 수능 시험 과목으로 선택한 학생의 경우를 예로 들었습니다. 학교와 학생이 선택하는 교육과정에 따라 과목은 달라질 수 있습니다.

3부에서 자세히 다루겠지만, 저는 수능 1등급을 위해 가장 중요한 것은 예습, 수업, 복습이라고 생각합니다. 그런 이유로 저희 아이는 초등학교 입학을 앞둔 일곱 살 겨울방학부터 교과서를 이용해

한 학기 예습을 시작했습니다. 로드맵을 보면 아시겠지만, 방학을 이용해서 초등은 한 학기, 중등은 일 년 과정을 필수적으로 예습합니다. 학기 중에는 현재 진행되고 있는 교육과정을 깊이 있게 공부하기 위하여 예습은 넣지 않았습니다. 또한 초3부터는 교과서를 이용해서 개념을 탄탄하게 정리하는 것이 가장 좋기 때문에 학기 중에는 따로 개념서를 넣지 않았습니다. 단, 그날 배운 내용은 반드시 그날 복습할 수 있도록 공부 습관을 길러 주기 위해 노력했습니다. 하지만 예습, 복습보다 더 중요한 것은 학교 수업 시간입니다. 수업 시간에 아이들이 갖춰야 할 기본 태도와 구체적인 예습, 복습 방법은 3부(166, 186, 190 페이지)를 참고하시기 바랍니다.

복습과 예습란에 언급된 기본 문제집은 개념을 배우기 위한 설명과 쉬운 문제들로 구성된 기본서입니다. 응용 문제집은 기본 개념을 익혔다는 가정 하에서 응용된 문제 위주로 유형을 익히는 문제집입니다. 심화 문제집은 기본 문제집과 응용 문제집을 모두 소화한 아이들이 도전하는 난도 높은 유형들로 구성된 문제집입니다. 요즘은 대부분의 출판사에서 세 가지 수준의 문제집을 각각 따로 만들기 때문에 구별이 어렵지는 않으실 것입니다. 예를 들어, 디딤돌교육 출판사의 『초등수학 기본』-『초등수학 응용』-『초등수학 최상위S』 단계나, 시매스출판사의 『개념이 쉬워지는 생각수학』-『유형이 편해지는 생각수학』-『생각수학 1031 최상급』 등 다양한 문제집들이 있습니다. 꼭 한 출판사에서 모든 단계의 문제집을 구매하실 필요는 없습니다. 단계에 맞게 아이가 좋아하는 문제집으로 고르면 됩니다. 혹시 도움이 될지 몰라서 저희 딸이 풀었던 기본, 응용, 심화 문제집을 부록(324 페이지)에 실어 놓았으니 참고하시기 바랍니다.

초6부터 복습란에 있는 응용, 심화 문제집은 그날 수업 시간에 배운 진도에 해당하는 내용을 각각 풀면 됩니다. 즉, 복습할 때 교과서와 익힘책으로 내용을 정리하고, 응용 문제집을 풀고 난 다음 심화 문제집까지 풀면 되는 것입니다. 이전 학년에 비해서 복습 시간이 더 길어지게 되지만, 중등 수학 공부를 위해 꼭 필요한 시간입니다. 중1 여름방학부터 시작되는 2학기 응용, 심화 문제집 1은 아이의 선택에 따라 그날 분량을 함께 풀어도 되고, 응용 문제집 한 권이 끝난 후 심화 문제집을 풀기 시작해도 됩니다. 중1부터 나와 있는 심화 문제집 1과 심화 문제집 2는 수준 차이를 뜻하는 것이 아닙니다. 극심화 단계까지 가지 않더라도 심화 수준의 문제집 중에서 두 권을 골라 학기 중과 방학 때 각각 한 권씩 풀면 됩니다.

제가 질문 하나 드리겠습니다. 만약, 우리가 어떤 사람과 12년을 함께 살아야 한다면 어떻게 그 긴 시간을 버티면 좋을까요? 일단, 그 사람을 잘 알고, 그 사람이 필요해야 하고, 그 사람이 좋아야 합니다. 수학 공부도 마찬가지입니다. 수학을 제대로 알아야 하기에 예습, 수업, 복습을 매일 성실하게 수행해야 합니다. 수학의 필요성을 알아야 하기에, 좁게는 좋은 시험 성적부터 넓게는 자신이 좋아하는 일을 하는 데 필요한 바탕이 수학이라는 것을 깨달아야 합니다. 마지막으로 수학이 좋아야 마지막 로드맵까지 무사히 안착할 수 있습니다. 그래서 제가 바라는 초등 수학의 목표는 아이가 수학을 좋아하는 마음을 가질 수 있도록 도와주는 것입니다. 이 목표를 달성하기 위해서 로드맵에 나와 있는 다양한 선택 활동들을 아이에게 제안해 주세요. 수학을 좋아하는 마음을 갖는 게 목표이니 아이가 싫어하는 활동은 굳이 강요하지 않으셔도 됩니다. 하지만 한 번쯤은 도전해 보도록 격려해 주세요.

남들이 하는 거 안 한다고 불안해하지 마세요! ✏

저는 학령기 전에는 따로 로드맵을 만들지 않았고, 일곱 살 때까지는 수학 문제집도 풀리지 않았습니다. 아이들은 성장하면서 각 발달 단계에 따라 성취해야 하는 과업이 있습니다. 적어도 학령기 전에는 수학 공부가 성취 해야 하는 과업이 아닙니다. 초등 입학 후에 시작하셔도 충분합니다. 저는 지금까지 수학을 일찍 시작해서 성적이 우수했던 학생들은 만나 보지 못했 습니다. 너무 이른 수학 문제집 공부 때문에 혹시 우리 아이가 누려야 하는 다른 무언가를 잃고 있는 것은 아닌지 한 번쯤 생각해 주셨으면 합니다.

초등 시절은 다양한 경험과 도전을 통해 아이 스스로 자신을 발견해 가는 시간이 되어야 합니다. 이것이 여러 가지 수학 선택 활동들을 아이 앞에 펼 쳐 주는 이유입니다. 그러나 이것은 다양한 경험 속에서 수학에 대한 흥미 를 높이고 아이를 좀 더 이해하고자 하는 노력일 뿐, 수능 1등급을 위해 반 드시 해야 하는 것들은 아닙니다. 간혹, 사고력 수학을 안 하면 낮은 수능 점수를 받는 건 아닌지 우려하는 분들이 계시는데 전혀 그렇지 않습니다.

수능 시험으로 이어지는
중고등 로드맵

2009년생이 고등학교에 진학하는 2025년부터 고교학점제가 전면적으로 시행됩니다. 그에 따라 고등 수학 교육과정과 수능 수학 시험은 선택형으로 바뀌게 되죠. 대부분의 고등학교에서 고1 때 '수학'을 공통으로 배우고, 고2부터는 수학Ⅰ, 수학Ⅱ를 필수로 편성할 것입니다. 확률과 통계, 미적분, 기하는 학교 교육과정에 편성은 되겠지만, 모든 과목을 이수할 필요는 없습니다. 학생들은 자신이 가고 싶은 대학의 학과에서 필수로 반영하는 수학 선택 과목이 있는지 확인한 후 과목을 선택하면 됩니다. 따라서 적어도 고1 여름방학 때까지는 자신의 진로에 대한 결정이 필요합니다.

2015 개정 교육과정은 이전 교육과정에 비해 고등 수학 학습량

이 많이 줄었기 때문에 초등학생 때부터 수학을 선행하는 것이 지금처럼 큰 의미가 없습니다. 다음 수학 I, 수학 II, 확률과 통계, 미적분, 기하 과목의 목차를 살펴보시기 바랍니다.

수학I	지수함수와 로그함수
	삼각함수
	수열
수학II	함수의 극한과 연속
	미분
	적분
확률과 통계	경우의 수
	확률
	통계
미적분	수열의 극한
	미분법
	적분법
기하	이차곡선
	평면벡터
	공간도형과 공간좌표

아이들 입장에서는 학습 부담이 많이 경감되었습니다. 따라서 수학 I과 수학 II를 고1 겨울방학에, 확률과 통계, 미적분, 기하 중에서 선택한 과목을 고2 여름방학에 예습하는 것이 가능합니다. 그후 고2 겨울방학에 수능 기출 문제를 분석하면 됩니다. 그러니까

친구 애가 초등인데 벌써 고등 공부를 시작했다고 해도 전혀 걱정하지 않으셔도 됩니다. 이제는 일찍 종착점에 도착하는 것보다 천천히 자신을 살피며 깊이 있게 수학을 만끽하는 것이 더 중요한 시대가 왔습니다.

수학에 소질과 적성이 있는 아이들에게는 각종 수학 체험전이나 수학 축제들을 소개해 주시고, 교내 수학 동아리 활동도 추천합니다. 가능하다면 수학 캠프에 참여하는 것도 좋은 기회가 될 것입니다.

 수학 교사 엄마의 팁

교사가 바라보는 중1 시기

중1 자유학기제에 시험을 치지 않는다고 과도한 선행을 나가지 않으면 좋겠습니다. 그리고 가정에서 아이들의 진로 교육에 더욱 관심을 가져 주셨으면 하고요. 초등 때 아무리 수학에 흥미를 가졌다 해도 필연적으로 우리 아이들이 중등 수학 공부를 하며 좌절하는 순간이 옵니다. 그때 우리 아이들을 다시 일으켜 세우는 힘은 간절히 이루고 싶은 그들의 꿈입니다. 그래서 부모님이 아이들을 위해 준비해 주셔야 할 것은 수학 문제집이 아니라 꿈을 찾을 수 있는 시간과 다양한 경험입니다. 적어도 중1 시기만이라도 우리 아이들이 자신의 꿈을 깊이 있게 고민하고, 방황할 수 있는 자유를 주시기를 바랍니다.

초등 선택 활동
로드맵

수학 동화, 수학 도서

대학생 때 고등학생인 진선이와 수경이를 과외했는데, 두 학생 모두 반에서 5등 안에 드는 나름 에이스들이었습니다. 또 수학머리가 있어서 한 번 설명해 주면 바로 이해하는 영특한 친구들이었죠. 엄청난 양의 숙제를 내 주면 밤을 새서라도 반드시 해결해 오는 그 학생들 덕분에 저는 교사가 되기로 마음먹었습니다. 그런데 모의고사를 보면 진선이는 1등급을 받는데 수경이는 한 번도 1등급을 받지 못하는 것이었습니다. 저는 궁금했습니다.

'똑같이 가르치고 똑같이 이해하는 듯한데 왜 수경이는 1등급을 못 받을까?' 오랜 관찰과 상담 끝에 제가 수경이한테서 발견한 건

놀랍게도 수학적인 부족함이 아니었습니다. 수경이는 독서력이 부족해서 수학 문제를 읽으면 문제 내용을 잘 이해하지 못했습니다. 이런 엘리트가 어떻게 이 내용을 이해 못할 수가 있을까? 그러나 독서력은 고등학교 때 만난 제가 그 어떤 노력으로도 채워 줄 수가 없었습니다. 결국 수경이는 수능 시험에서도 1등급을 받을 수가 없었습니다.

저희 집 거실에는 책이 여기저기 널려 있고, 아이는 심심할 때면 놀이처럼 책을 봅니다. 스토리텔링 수학책을 읽기도 하고, 수학 만화책에 빠져 있을 때도 많습니다. 제가 읽다가 소파 위에 놓아 둔 기하 책을 아이가 궁금해서 펼쳐 보기도 하고, 책에 나온 수학 문제를 골똘히 궁리해 보기도 합니다. 가끔씩 아이와 수학에 관한 이야기를 나눌 때면 전혀 배우지 못한 개념을 알고 있어서 깜짝 놀랄 때가 있습니다. 어떻게 알았는지 물어보면 책에서 봤다고 대답합니다. 저희 딸에게 수학을 가르쳐 준 것은 팔 할이 책입니다. 독서는 수학에서만 중요한 것이 아닙니다. 수학 동화나 수학 도서는 선택 활동이지만, 초등 아이들에게 독서는 필수 활동입니다. 그렇지 않으면, 수경이처럼 1등급을 받지 못하는 숙명을 받아들여야 할지도 모릅니다.

아이들마다 좋아하는 분야의 책이 다르기 때문에 반드시 수학 동화나 수학 도서를 읽어야 하는 것은 아닙니다. 그러나 저학년 때 수학 동화를 많이 접하고, 고학년 때 수학 도서를 꾸준히 읽은 아이들은 교과서에 나오는 새로운 개념을 이해하는 속도가 빠릅니다. 또 교과서의 특성상 자세하게 다루기 어려운 내용까지도 책에서는 경험해 볼 수 있기 때문에 깊고 넓게 수학을 탐구할 수 있습니다. 무엇보다도 독서의 가장 큰 이점은 수학의 언어를 일상 속에서 접할 수 있는 기회를 얻을 수 있다는 것입니다. 다음은 '에드워드 아인혼'이 쓴 『분수의 변신』이라는 책에 나온 구절입니다.

$\frac{1}{4}$ 천재에, $\frac{1}{4}$ 고집불통에, $\frac{1}{3}$ 강한 의지에, $\frac{1}{6}$의 특이한 성격 때문일 테지. 이 모든 것이 더해져 하나의 내가 된다.

이처럼 수학 동화는 분수라는 수학적 개념을 실생활에 적용할 수 있는 다리 역할을 해 줍니다. 3부에서 제가 알려 드리는 실생활 선행이 수학 개념에 대한 직접 경험이라면, 수학 도서는 간접 경험이라고 할 수 있습니다. 결국, 우리 아이들은 수학을 경험으로 만나야 합니다. 둘의 만남을 주선해 주기 위해서 저는 멘사 수학 퀴즈 책이나 네모네모로직, 스도쿠 같은 각종 수학 퍼즐들을 아이와 함께 풀었습니다. 어린이 도서관에서 여러 분야의 다양한 수학책을 스무 권 정도 대출해서 침대 위에 펼쳐 놓습니다. 그러면 그중에서 아이가 관심이 가는 책 서너 권 정도를 읽습니다. 그때 아이가 선택한 책이 바로 집중 공략해야 할 분야입니다. 다음 번에 책을 대출하거나 구매할 때는 아이가 관심을 보였던 분야 위주로 가져다 줍니다. 아이들마다 책 취향이 다르기 때문에 조심스럽기는 하지만, 저희 딸이 즐겨 읽었던 수학 동화·도서 목록을 부록(321 페이지)에 실어 놓았으니 필요하신 분은 참고하시기 바랍니다.

수학 교구

수학 교구는 수학 교육의 효과를 높이기 위하여 쓰이는 도구입니다. 추상적인 개념이 많은 수학 과목을 공부하기 위해 눈에 보이는 구체적인 교구들을 만지면서 눈에 보이지 않는 세계를 예측해 보는 것은 꼭 필요한 경험입니다. 초등 아이들은 교구를 가지고 놀면서 수학의 흥미와 호기심이 솟아날 수 있습니다. 거기에 더해 어려운 수학 개념을 쉽게 이해할 수 있는 통로를 제공해 주기 때문에 여러 선택 활동들 중에서 가장 추천하는 활동입니다. 물론 학교에서도 수업 시간에 여러 수학 교구들을 이용한 수업이 진행되지만, 학생 수만큼의 다양한 교구를 준비하기에는 현실적으로 어렵고, 또 정해진 수업 시간 때문에 교구를 충분히 탐색할 여유가 부족합니다. 그러니 가정에서 미리 교구를 가지고 놀 수 있는 기회를 제공해 그 속에서 수학적 개념이 자리잡을 수 있는 터전을 만들어 주세요.

저는 아이들이 수학 교구를 가지고 즐겁게 활동하다 보면 무의식적으로 체화되어 수학 자본이 형성된다고 생각합니다. 어려운 수학 개념에 맞닥뜨릴 때마다 꺼내어 쓸 수 있는 든든한 수학 자본을 우리 아이들이 많이 쌓을 수 있도록 도와주시기 바랍니다. 이를 위해서는 초등 수학 교육과정을 잘 알고, 각 시기에 맞춰 교구를 소파 위에 올려놓아 주시면 됩니다. 그러면 어느 날 장난감처럼 아이가 가지고 노는 날이 올 것입니다. 물론 오지 않을 수도 있습니다. 그러면 또 다른 선택 활동으로 보드게임을 제안해 보는 것도 좋습니다. 저는 '넛지'라는 말을 좋아합니다. 팔꿈치로 슬쩍 찌르는 걸 뜻하는데요, 선택은 언제나 아이의 몫이지만, 뿌리 깊은 부모님의 부드러운 개입은 아이가 행복하게 성장하도록 이끌어 줄 것입니다.

어떤 수학 교구를 준비해야 할지 궁금한 분들께 참고용으로 저희 딸이 본전을 뽑은 수학 교구들만 알려 드립니다.

학년	수학 교구
1학년	바둑돌, 연결 큐브(수와 연산) | 모형시계(시계 보기)
2학년	수 모형, **연결큐브**(수와 연산) | 지오보드, 칠교판, 쌓기나무(도형) 속성블록(분류하기) | 퀴즈네르 색막대(곱셈) | **모형시계**(시각과 시간)

3학년	**수 모형**, 패턴블록(수와 연산) 분수막대, 원형분수모형, **속성블록**(분수) 컴퍼스(원), **지오보드**(도형)
4학년	각도기(각도) 펜토미노, 폴리스틱, 테셀레이션, **칠교판**, **지오보드**, **패턴블록**(도형)
5학년	**퀴즈네르 색막대**(약수와 배수) | **분수막대**(분수) 대칭거울, 입체도형 모형(도형) | 주사위(가능성)
6학년	소마큐브, **쌓기나무**, **폴리스틱**, **입체도형 모형**(도형)

굵은 글씨의 교구는 이전 학년과 중복 사용되며, 하나의 교구는 괄호 안 내용 외에도 다양한 영역
에서 활용될 수 있습니다.

보드게임

고등학교에서 수준별 상위반 수업을 할 때 학기 말에 치른 친선
수학 보드게임 대회에서 유독 잘하는 하진이가 눈에 띄었습니다.

"하진이 너 정말 보드게임 잘한다. 따로 배웠니?"

"저희는 주말에 아침 먹으면 보드게임해서 진 사람이 설거지하
는 룰이 있어요. 설거지 안 하려면 실력을 쌓을 수밖에 없는데요,
초등 때는 제가 불리하면 엄마가 가끔씩 져 주곤 했는데 요즘은
제가 일부러 실수해 줄 때도 있어요."

그날 쟁쟁한 실력자들 사이의 열띤 승부 속에서도 돋보였던 하진이는 보드게임 퀸의 자리에 올랐습니다.

수학도 잘했던 하진이에 대한 기억 때문인지 저는 아이가 어렸을 때부터 주말에는 보드게임을 자주 했습니다. 수학 보드게임을 자주 하는 것이 수학 성적을 높이는 데 일조하는지는 확신하기 어렵지만, 즐겁게 보드게임을 하면서 수학에 긍정적인 태도를 갖게 되는 것은 확실합니다. 저희 딸은 셈셈 시리즈 보드게임을 통해 연산 실력이 발전하기도 했지요. 하지만 가장 크게 얻은 것은 가족 간의 돈독한 관계입니다. 꼭 수학 보드게임이 아니어도 함께 웃고, 경쟁하면서 아슬아슬한 승부를 공유할 수 있다는 것만으로도 모든 보드게임은 훌륭합니다.

사춘기 아이와도 잘 지낼 수 있는 비법인 수학 보드게임 목록은 다음을 참고하시기 바랍니다.

학년	수학 보드게임
1학년	아이씨텐, 암산왕메이크텐, 셈셈피자가게(연산) 젬블로(도형) | 다빈치코드(논리)
2학년	시간도둑(시간) | 셈셈테니스(연산) 세트(도형) | 스도쿠, 루미큐브(논리)
3학년	프랙션포뮬러(분수) | 트라이팩타, 셈셈눈썰매장(연산) 쉐입스업(도형) | 쿼리도(논리)

4학년	매지믹서, 셈셈롤러코스터(연산) 우봉고, 아레나써클, 펜타고, 피라믹스, 유레카(도형) 젝스님트, 스플렌더(논리)
5학년	파라오코드(연산) | 씽크스트레이트(논리) 헥서스플러스, 쌓기나무3D(도형)
6학년	블록바이블록(도형) | 테이크잇이지(논리)

창의·사고력 수학

창의력 수학은 초등 수학 교육과정과는 별도로 사고의 유연성과 창의성을 키워 주기 위해 수학이라는 도구를 사용합니다. 수학 퍼즐이나 교구들을 사용하고, 아이큐 테스트와 비슷해서 어린 아이들도 재미있게 접할 수 있습니다. 예를 들면, 다음과 같은 문제들입니다.

1, 1, 2, 3, 5, 8, 13, (   )일 때, (   ) 안에 들어갈 수는 무엇일까요?

(초2 대상)

사고력 수학은 초등 수학 교육과정을 기본으로 수학적 문제 해결력을 키워 주기 위해 심화된 문제를 제시합니다. 연산과 기본적인 수학 개념이 탄탄하게 잡힌 후에 아이들이 도전해 볼 수 있습니다. 수학 경시대회 유형의 문제들로 구성되기 때문에 사고력 수학을 어려워하는 아이들이 많습니다. 예를 들면, 다음과 같은 문제들입니다.

> 1, 2, 3, 4 네 숫자 중에서 세 개의 숫자를 한 번씩만 사용해서 세 자리
> 수를 만들려고 합니다. 만들 수 있는 모든 세 자리 수의 합을 구하세요.
> (초3 대상)

대부분 창의 사고력 수학을 융합해서 학년에 따라 난도가 심화되는 새로운 커리큘럼으로 진행하는 학원이나 교재가 많습니다. 예를 들면, 다음과 같은 문제들입니다.

> ♥은 같은 숫자를 나타냅니다. ♥+♥+♥+♥+♥+♥+♥ = 3♥일 때,
> ♥이 나타내는 숫자는 무엇일까요? (초2 대상)

창의 사고력 수학은 2000년대 초반 외고 입시 준비를 하던 학생들의 필요에 의해 도입되었습니다. 그러다가 차츰 경시대회나 영재교육원 준비를 하는 아이들로 인해 자리를 잡았습니다. 현재는 조기 영어 교육 붐이 일었던 것처럼 유초등 창의 사고력 수학이 반드시 거쳐야 하는 과정처럼 알려져 있습니다.

아이가 창의 사고력 수학에 즐겁게 도전하고, 그 속에서 성취감을 느낀다면 추천합니다. 그런데 아이가 창의 사고력 수학을 접하면서 좌절감과 수학에 대한 부정적인 감정이 쌓여 간다면 즉시 멈

추서야 합니다. 창의 사고력 수학을 하지 않았다고 해서 수능 시험 1등급을 받지 못하는 것은 아닙니다. 창의 사고력 문제는 생각하는 즐거움과 성취감을 느끼기 위한 과정이지, 수능 수학 점수를 잘 받기 위한 과정은 아니기 때문입니다. 오히려 아이가 창의 사고력 수학 문제를 싫어하는데도, 지속적인 풀이를 강요하는 경우에 수포자가 될 위험성이 매우 커집니다. 법을 전공한 사람이 공인중개사 시험에 유리할 수는 있겠지만, 법을 전공하지 않았다고 해서 공인중개사 시험에 합격하지 못하는 것은 아닙니다. 수학 공부의 종착점을 바라보며 우리 아이에게 맞는 방법을 찾아가는 길에 창의 사고력 수학은 선택 사항일 뿐입니다. 그 선택의 주도권을 옆집 엄마가 아닌 우리 아이에게 주셨으면 하는 바람입니다.

경시대회, 영재교육원

저는 지극히 평범한 아이에게서 맘껏 펼칠 능력을 샅샅이 찾아내고 싶어 하는 욕심 많은 엄마라서 아이를 수학 경시대회에 내보내 본 적도 있고, 영재교육원 지원도 준비해 보았습니다. 그 속에서 제가 배운 한 가지는, 부모님이 보시기에 아이의 역량이 조금이라도 보인다면 한 번쯤은 도전해 보기를 추천하지만, 반드시 아이의 동의 하에서 준비해야 한다는 것입니다. 이건 초등 선택 활동들 중에서 가장 아이의 주도성과 적극성이 필요한 활동이기 때문입니다. 아이가 원하지 않는데 경시대회 문제 풀이를 강요하거나 영재교육원 준비를 위한 학원 수강을 시키지 않으면 좋겠습니다. 설사 우수한 성적을 거둔다 해도 아이의 기쁨이 아닌 부모님의 만족이 될 가능성이 높기 때문입니다. 또 우리 아이가 경시대회에서 수상을 못하거나, 영재교육원을 다니지 않는다고 해서 수학을 못하는 것이 아님을 꼭 기억해 주세요. 수학을 좋아하고 즐기는 아이들이 성취감을 느낄 수 있는 좋은 기회로만 이용해 주시면 됩니다.

현재 우리나라에서 시행되는 초등 수학 경시대회는 크게 네 가지 유형으로 나뉩니다. MBC 주최 수학학력평가, HME 해법 수학학력평가처럼 난이도가 대체적으로 평이해서 많은 학생들이 자신의 실력을 가늠해 보기 위한 수단으로 응시하는 시험이 있습니다. 천재교육에서 주관하는 HME 해법 수학학력평가는 상반기, 하반기 연 2회 개최되며 오랜 역사와 전국 최대 규모를 자랑하는 수학 경시대회입니다. 초등학교 1학년부터 중학교 3학년 학생까지 응시 가능하며, 교과 내용 중심의 문제 출제와 전국 단위 상대평가 성적 표를 제공합니다. 다음으로 전국학력경시대회(구 성대경시)와 KMC 한국수학인증시험처럼 교과 내용 중에서 난이도가 있는 사고력 문제 위주의 경시대회가 있습니다. KMC 한국수학인증시험은 초등

학교 3학년부터 고등학교 3학년 학생들이 예선을 치른 후, 학년별 상위 15% 이내의 학생들이 본선인 한국수학경시대회를 치르게 됩니다. KMC는 HME와 달리 기출문제를 미리 풀어 보는 준비가 필요합니다. HME, KMC가 교과 내용 중심으로 출제되는 데 반해, 연세창의경진대회나 WMO(창의융합수학능력인증시험)은 수학을 바탕으로 학생들의 창의적, 융합적 문제 해결 능력을 측정하는 데 중점을 둡니다. 쉽게 비유를 하자면 HME는 교과 수학, KMC는 교과 심화 수학, WMO는 창의 사고력 수학쯤으로 생각하면 이해가 쉬울 것입니다. 개인적으로 연세창의경진대회나 WMO 창의융합수학능력인증시험은 기회가 된다면 꼭 한 번 도전해 보기를 추천합니다. 특히 WMO 한국 예선과 본선을 우수한 성적으로 통과한 학생들에게 주어지는 WMO 세계 대회 진출권은 아이들에게 새로운 수학의 세계를 열어 줄 것입니다. 마지막으로, 한국주니어수학올림피아드나 KMO(한국수학올림피아드) 같은 수학적 사고력이 탁월하게 우수한 학생들이 도전하는 경시대회가 있습니다. KMO(한국수학올림피아드) 대표 학생으로 선발되면 국제수학올림피아드에 참가하여 세계의 우수한 수학 영재들과 교류할 수 있는 최고의 기회를 얻게 됩니다. 하지만 KMO 시험은 고등학교 수학을 선행하지 않으면 풀기 어려운 문제들이 많다는 지적이 있어 왔습니다. 이를 개선하고자 2019년부터 중1 과정까지만 알아도 풀 수 있는 한국주니어수학올림피아드가 열리고 있습니다. 범위가 줄었다 해도 문제 난이도가 꽤 높기 때문에 수학을 잘하는 학생들도 많은 준비가 필요한 시험입니다.

경시대회를 통해 수학에 대한 자신감과 재능을 확인한 아이들은 보통 영재교육원에 관심을 가지게 됩니다. 영재교육원은 크게 교육청 영재교육원과 대학 부설 영재교육원으로 나뉩니다. 전국 시도 교육청이 운영하는 영재교육원은 보통 9월 말에 모집 요강을 발표하고, 11월에서 1월까지 선발 과정이 이루어집니다. 1단계 GED(영재교육종합데이터베이스) 시스템 지원서 작성과 교사 관찰추천, 2단계 창의적 문제 해결력 및 면접 순으로 선발합니다. 학생들의 창의력을 변별할 수 있는 난도가 높은 문제들이 출제되고, 수업은 영재교육 전문 교사들이 진행합니다. 전국 대학교에서 운영하는 대학 부설 영재교육원은 대개 8월에 모집 요강을 발표하고 11월에 선발이 이루어집니다. 선발 인원은 적지만, 대학 교수들이 직접 수업을 진행하기 때문에 부모님들의 선호도가 높습니다. 일반적으로 서류 전형과 심층 면접으로 선발이 이루어지지만, 대학에 따라 선발 기준이 모두 다르기 때문에 반드시 모집 요강을 꼼꼼하게 살펴보셔야 합니다. 여기에서 주의하셔야 할 점은 대학 부설 영재교육원에 합격하면 교육청 영재교육원에 지원할 수가 없습니다. 만약 합격자

발표 이전이라면 지원은 가능하지만, 중복 등록은 불가합니다. 중복 지원 및 중복 등록의 경우 합격이 취소되기 때문에 신중하게 선택하세요. 영재교육종합데이터베이스인 GED 사이트에 접속하시거나, 교육청 영재교육대상자 모집 요강을 참고하시면 자세한 내용을 보실 수 있습니다.

PBL 활동, 수학 토론

PBL은 Problem Based Learning(문제 기반 학습)의 약자입니다. 여기에서 Problem은 간단히 답을 찾을 수 있는 구조화된 문제가 아니라, 실제 생활에서 대면하게 되는 복잡하고 해결이 어려운 문제들을 일컫습니다. 문제 중심 학습이라고도 불리는 PBL은 실제적인 문제를 학습자들이 해결하는 과정에서 학습이 이루어지는 학습자 중심의 배움 활동입니다. 학습자들은 지식과 동시에 의사소통 방법, 사고 전략도 함께 배우게 됩니다. 정형화된 해결 방법이 없기 때문에 학습자 스스로 문제 해결 계획을 세우고, 구체적인 해결 방안을 모색해야 합니다. 이 과정을 혼자서 진행하기에는 어려움이 많기 때문에 보통 4인 정도의 팀을 구성해서 진행하거나, 가정에서 부모님이 아이들과 함께해 주셔도 좋습니다. 문제를 선택할 때에는 학습자와 관련이 있어서 해결 과정에 몰입할 수 있어야 하고, 학습자가 해결 가능한 수준이어야 하며 다른 사람들에게 유용하면 더욱 좋습니다. 이렇게 문제를 발견하고, 문제 해결을 위한 계획을 세워서 팀과 협력하여 해결해 나가는 능력이 우리 아이들이 살아갈 미래 세상에 가장 필요한 힘입니다. 저는 수학 과목에 PBL 활동을 접목시켰습니다. 이렇게 말씀드리니 엄청 거창한 활동을 하고 있는 것처럼 보일 수도 있겠지만, 사실은 아주 일상적이고 소소한, 다음과 같은 활동들입니다.

외모에 관심이 많은 딸은 체중을 잴 때마다 자신이 뚱뚱하다며 울상을 짓습니다. 저는 딸에게 뚱뚱하다는 근거를 찾아서 알려 달라고 했습니다. 한참 인터넷을 검색하던 아이는 체질량 지수를 계산했더니 정상이라며 방긋 웃었습니다. 저는 아이와 체질량 지수가 무엇이고, 어떻게 계산되는 것이며, 이 지수가 가진 약점을 함께 찾아보았습니다. 그리고 이 문제점을 보완하는 새로운 지수를 만들기 위한 계산식은 없는지 아이와 이야기를 나눴습니다. 함께 여러 정보들을 검색하고 관련 책도 찾아봅니다. 아이는 아이디어가 떠오를 때마다 노트에 적고, 저는 무조건 박수를 쳐 주며 궁금한 것들을 질문합니다. 그 과정 속에서 세상 어디에도 답이 없는 뚱뚱량 지수가 탄생했습니다.

$$\text{뚱뚱량지수} = \frac{\text{몸무게} \times \text{배 둘레}}{\text{키} \times \text{키} \times \text{엉덩이 둘레}}$$

아빠의 뚱뚱량 지수를 측정해서 과체중의 기준으로 삼겠다며 뿌듯해하는 딸을 보며 때로는 말도 안 되는 해결책들 속에 답이 있을지도 모른다는 생각이 들었습니다.

PBL 활동이 아이의 주도적 문제 해결력과 의사소통 능력을 키워주는 좋은 도구이지만 사실 부모님이 가정에서 함께해 주시기에는 어려움이 많을 것입니다. 꼭 수학적 내용이 아니어도 되고, 자주 안 해도 됩니다. 방학 때 한두 번 정도 아이들과 부모님이 관심이 있는 주제로 함께 문제를 선택하고 해결 계획을 세운 후, 방안을 찾아보는 것만으로도 충분합니다. 또는 이전 학기 수학 교과서 각 단원 끝부분에 있는 '도전수학'과 '탐구수학'을 아이와 이야기를 나누며 함께 해결해 보는 과정을 갖는 것도 좋습니다. 기회가 된다면 해마다 7월쯤 열리는 학생탐구발표대회 참가도 추천합니다.

PBL 활동 외에도 가끔씩 아이와 간단한 수학 토론을 하신다면 아이의 수학적 의사소통 능력과 논리력은 더 성장할 수 있을 것입니다. '분수의 개수가 더 많을까? 소수의 개수가 더 많을까?'부터 '가능성이 0인 사건이 실제로 존재할까?'까지 다양한 주제로 토론을 하면서 아이들은 미래 사회를 살아갈 수 있는 힘을 키울 수 있을 것입니다.

수학 소프트웨어, 수학 다큐멘터리

부모님 세대와 달리 우리 아이들에게는 수학을 공부하기 위한 수단으로 적절한 공학적 도구를 효과적으로 선택, 이용할 수 있는 능력이 필요합니다. 특히 자료와 가능성 영역에서 자료를 수집한 후 소프트웨어를 이용해 표나 그래프로 정리할 수 있어야 하지요. 그런데 통계 소프트웨어를 처음 접하다 보면 사용법에 익숙하지 않은 아이들은 수학 공부를 돕기 위한 수단을 공부하느라 정작 중요한 수학적 내용을 챙기기 어려운 본말전도가 일어납니다. 따라서 초등 때 '통그라미'나 '이지통계' 같은 통계 소프트웨어를 간간히 접할 수 있는 기회가 주어진다면 정보 처리 능력을 키우는 데 도움을 받을 수 있습니다.

도형 영역에서도 소프트웨어를 활용하면 눈에 보이지 않는 이미지를 효과적으로 구현할 수 있기 때문에 공간지각력을 키울 수 있습니다. 물론, 수와 연산 영역이나 규칙성 영역에서도 공학적 도구의 도움을 받을 수 있지만, 도형 영역에서 기하 소프트웨어 사용은 학업 성취도 향상에 긍정적인 효과가 있다는 것이 많은 수학 논문을 통해 밝혀졌습니다.

대표적인 기하 소프트웨어인 GSP 프로그램은 학생들이 직접 도형을 그리고, 마우스를 끌면서 여러 가지 도형의 성질을 탐구할 수 있습니다. 평행이동, 대칭이동, 회전이동을 자유롭게 할 수 있기 때문에 평면도형의 이동을 명확하게 시각적으로 확인하는 데 도움을 받을 수 있습니다. Poly는 정다면체를 포함한 많은 다면체들을 자유롭게 회전하면서 관찰할 수 있는 프로그램입니다. 3차원 입체에서 2차원 전개도로의 연속적 변화를 통하여 다면체가 만들어지는 과정을 볼 수도 있습니다. Tess는 테셀레이션 하는 프로그램으로 아름다운 도안을 만들 수 있습니다. 이 프로그램들은 '수학사랑' 사이트에서 다운로드 받아 사용해 보실 수 있습니다.

지오지브라(Geogebra) 프로그램은 기하, 함수, 통계 등 다양한 영역에서 활용할 수 있는 무료 수학 소프트웨어입니다. 한글 지원이 되고, 사용법도 비교적 쉽습니다. 또 사이트 내에서 프로그램 사용법을 배울 수도 있고, 앱으로도 다운로드 가능합니다. 지오지브라 프로그램을 활용하면 점대칭도형이나 원의 넓이 등 초등 전 학년의 도형 공부를 역동적이고 시각적으로 할 수 있기 때문에 고학년 아이들에게 강력 추천합니다.

아이들과 수학 다큐멘터리를 함께 보며 이야기를 나누는 것도 아주 좋습니다. EBS 다큐프라임의 여러 프로그램들은 아이가 수학에 대한 호기심을 키울 수 있는 좋은 기회가 될 것입니다. 다음 표를 참고하셔서 관심이 가는 내용부터 먼저 시청하시면 됩니다.

다큐멘터리 제목	구성 내용
문명과 수학	1. 수의 시작
	2. 원론
	3. 신의 숫자
	4. 움직이는 세계, 미적분
	5. 남겨진 문제들
생명의 디자인	1. 치타가 삼킨 방정식
	2. 크기의 법칙
	3. 사라진 천재 수학자
수학의 위대한 여정	1. 미스터리, 소수
	2. 세상을 바꾸는 힘, 방정식
넘버스	1. 하늘의 수, π
	2. 천국의 사다리, ∞
	3. 자유의 수, x
	4. 신의 손짓, 0
	5. 천공의 수, i
황금비율의 비밀	1. 숨은 그림 찾기
	2. 절대적이고 상대적인 진리

영재는 타고나는 게 아닙니다! ✎

세계적인 영재 교육의 권위자 '렌줄리' 교수는 영재를 '평균 이상의 지능, 높은 창의성, 높은 과제집착력'이라는 세 가지 특성을 갖춘 학생으로 보았습니다. 저 역시 영재교육 연수를 듣거나 영재학급 수업을 하면서 학생의 영재성은 노력에 기반을 둔 창의성이라는 걸 느낄 수 있었습니다. 저는 영재는 타고나는 것도 아니고, 누군가에 의해서 만들어질 수도 없다고 생각합니다. 오직 아이 스스로 자신에게 영재라는 이름을 붙이는 것을 선택하고, 그에 맞는 재능과 태도를 키워 갈 수 있을 뿐입니다. 아이의 선택을 돕기 위해 부모님은 아이에게 영재교육을 받을 수 있는 장을 펼쳐 주면 됩니다.

그리고 경시대회나 영재교육원 준비를 하는 아이들의 부모님들께서 반드시 해 주셔야 하는 역할이 있습니다. 아이가 수학적 재능이 뛰어나다는 것을 인지하는 순간, 부모님들의 기대 수준은 더 높아질 수밖에 없습니다. 그 높이만큼 아이들은 위태로워질 수 있고요. 그 어떤 순간에도 아이를 평가하지 마시고, 평가받고 온 아이를 안아 주시기 바랍니다. 그 따뜻한 품 속에서 우리나라의 수학 영재들은 쑥쑥 자랄 겁니다.

선행 시기, 방법, 현행 심화의 깊이를 알고 싶어요.

보통 방학 때 다음 학기나 학년에 배울 수학 내용을 미리 공부하는 걸 선행과 대비해서 예습이라고 부르겠습니다. 예습 이상의 진도를 나가는 것을 선행이라고 부른다면, 우리는 왜 선행을 달리는 걸까요? 부모님 열 분 중 여덟 분은 수능 시험을 잘 보기 위해서라고 대답하실 것입니다. 그럼 선행을 많이 할수록 수능 성적이 좋아질까요? 저는 학생들 열 명 중 여덟 명은 그렇지 않다고 확신합니다. 그런데 어느 시점부터 수학을 잘한다는 것이 또래 아이들보다 더 빠른 교과 진도를 나가고 있는 것으로 통용되기 시작했습니다.

예전에는 과학고나 수학 올림피아드 대회를 준비하는 소수만이 시험 대비를 위해서 2년에서 3년 정도 수학 선행을 했습니다. 그러다가 차츰 선행 커리큘럼을 운영하는 학원들이 늘어나게 되었습니다. 방대한 고등 수학 교육과정을 소화하기 위해서 선행이 필요하다고 느낀 부모님이 많았기 때문입니다. 학원 입장에서는 진도를 죽죽 나간다는 결과물을 학부모님께 보여드릴 수 있고, 미래의 학업 성취에 대한 책임은 아직 드러나지 않았기에 책임감을 피할 수 있었습니다. 이렇게 시작된 선행 분위기가 이제는 모든 아이들이 할 수밖에 없는 현실이 된 상황에서 저는 과연 선행이 필요한 것인가에 대한 의문부터 갖는 것이 우선이라고 생각합니다.

현실적으로 그날 수업 시간에 처음 배운 수학 내용을 바로 이해하고 능숙하게 풀 수 있는 학생들은 별로 없습니다. 그래서 방학 동안 수학을 예습하는 건 반드시 필요합니다. 그런데 바로 이 지점에서 문제가 발생합니다. 그 예습의 적정량은 어디까지일까요?

어떤 분들은 수능 시험 범위까지 빠른 시간 내에 끝내는 것이 적정량이라고 생각합니다. 얼른 끝내고 다시 반복 학습을 하려면 빨리 시작하는 것이 유리하다고 생각하시는 분들입니다. 또 다른 분들은 학원 선생님이 알려 주는 진도가 적정량이라고 생각합니다. 물론 어디까지 달려야 하는지 생각 없이 그냥 진도만 나가게 하는 분들도 많습니다. 이 예습의 적정량과 선행 시기를 결정하는 것이 바로 로드맵을 작성하는 일입니다.

현재는 교육과정 개정 덕분에 우리 아이들이 초등에서는 한 학기 예습만으로도 충분히 고등 수학 교육과정을 공부할 수 있는 시간적 여유가 생겼습니다. 초등 때부터 빨리 달리지 않아도 됩니다. 저는 급하게 달리다가 넘어져서 다시 일어서지 못하는 중등학생들을 수없이 보았습니다. 초등 시절에 해야 하는 것은 달려 나가는 것이 아니라, 달릴 수 있는 체력을 기르는 것입니다. 천천히 가되 꾸준히 그리고 수학을 깊이 파며 가는 아이가 가장 빠르게 결승점에 도착한다는 것을 종착점 근처에 가면 보시게 될 것입니다.

저는 초등 수학 예습의 적정량을 수업 시간에 선생님의 말씀을 이해할 수 있고, 교과서의 문제를 풀 수 있도록 한 학기 내용을 공부하는 것만으로도 충분하다고 생각합니다. 수업 시간에 제대로 개념을 이해하고, 복습을 통해 심화 문제집을 풀 수 있는 실력을 쌓아가는 과정에서 수능 점수도 쌓여갈 것입니다. 수업 시간에 선생님께서 해 주시는 설명을 이해하는 것이 별거 아닌 것 같지만 실제로 수업 내용을 잘 이해하는 학생들은 별로 없습니다. 학생들의 $\frac{1}{3}$ 은 내용을 이해하지 못하고, $\frac{1}{3}$ 은 집중을 못하기 때문입니다.

물론, 아이들마다 수학을 공부하는 능력이 다르기 때문에 선행을 즐기고 좋아하는 아이들에게는 그에 맞는 속도가 필요합니다. 저는 그 선행 속도를 따라가지 않아도 충분히 한 학기 예습만으로도 수학을 잘할 수 있다는 것을 현직 교사로서 말씀드리고 싶습니다. 그렇다면 어떻게 예습을 해야 하고, 현재 학교에서 배우고 있는 수학을 얼마나 깊이 파야 할지 3부에서 자세히 알려 드리겠습니다.

PART 3

수능 1등급으로 이어지는
초등 수학 선행의 핵심 3

초등생에게 필요한 선행은
위의 학년 교과 진도 선행이 아니다

초등 때 꼭 해야 하는
수학 선행 3가지

새우 튀김에서 튀김 젓가락을 기름에 담갔을 때 기포가 생성되면 새우를 넣을 타이밍인 것처럼, 우리 아이들이 수학 공부를 할 때도 적절한 타이밍이 있습니다. 즉, 초등 때 반드시 해야 하는 수학 공부가 따로 있고, 진득하게 기다리다가 중등이 되면 시작해야 하는 공부 방법이 따로 있습니다. 초등 때부터 많은 수학 문제집을 푼다거나, 위의 학년 교과 진도 선행을 하는 것은 기름이 끓지도 않았는데 새우를 넣어 버리는 행동입니다. 새우 튀김이야 다시 할 수 있지만, 소중한 우리 아이들의 초등 시절은 일생에 단 한 번입니다. 수학 공부의 종착점을 잘 알고 있는 수학 고수 엄마는 초등 아이를 위해 어떤 수학 선행을 준비할까요? 오랜 기간 수능 수학 1등급을 받는 학생들을 지켜보면서 제가 배운, 초등 때 반드시 해야 하는 수학 공부 3가지가 있습니다.

첫째, 완전 학습입니다.

수학을 놓지 않고 끝까지 갈 수 있는 가장 중요한 힘은 수학을 구석구석 제대로 아는 것입니다. 저는 수학 공부를 하고 싶어도 초등수학 내용을 잘 몰라서 못하는 안타까운 중등학생들을 많이 만났습니다. 가까스로 찾은 꿈을 수학 때문에 접어야 하는 가슴 아픈 아이들도 보았습니다. 사실 수학을 잘하고 싶은 마음은 우리 아이들이 부모님보다 더 클 것입니다. 수학을 잘해서 칭찬과 인정을 받고 싶지만, 중요한 때 적절한 방법으로 공부하지 못해서 수학 교과서를 봐도 무슨 말인지 모르겠으니 괴로울 수밖에 없습니다. 아이들의 행복한 학창 시절을 위하여 초등학생 때 반드시 완전 학습을 할 수 있는 여건을 조성해 주시고, 방법을 알려 주셔야 합니다.

미국의 교육심리학자 블룸은 대부분의 학생들이 학교 교육과정을 완전히 습득할 수 있는 완전 학습 방법을 제안했습니다. 그는 아이들이 다음 차시 학습으로 넘어가기 전에 지식의 90%를 통달하는 단계에 이르러야 한다고 주장했습니다. 여기에서 우리는 초등 수학 공부의 핵심 첫 번째를 볼 수 있습니다. 반드시 그날 학교에서 배운 교과서의 내용을 다음 수업 시간 전까지 아이가 스스로 정리하고 능숙하게 설명하며 관련 문제를 해결할 수 있어야 합니다. 그 후에야 아이는 다음 수업 시간에 수학 내용을 이해할 수 있고 집중할 수 있습니다. 이를 돕기 위해 방학 때 교과서로 한 학기 분량을 예습하는 것은 완전 학습의 효율을 극대화하는 좋은 방법입니다. 지능이 높은 아이든, 수학을 싫어하는 아이든 관계없이 완전 학습은 수능 1등급으로 가는 가장 필요한 첫걸음입니다. 그 첫걸음을 떼는 방법을 1장에서 자세히 알려 드리겠습니다.

둘째, 실생활 수학입니다.

저는 방학 때 아이가 수학 교과서 한 학기 분량을 예습하게 합니다. 그럼, 수학 선행은 전혀 안 할까요? 수학, 교육학을 공부한 저는 위의 학년 교과 진도를 미리 공부하는 게 평범한 저희 딸에게 큰 효과가 없다는 것을 잘 알고 있습니다. 로드맵을 보셔서 아시겠지만, 필요성도 크게 느끼지 못합니다. 그런데 제가 수학 교사로서 깨달은, 반드시 필요하다고 생각하는 수학 선행이 하나 있습니다.

우리나라 교육과정의 한계는 중요한 수학 개념들을 아이들이 체화할 수 있는 수업 시간이 절대적으로 부족하다는 겁니다. '비율'이라는 어려운 개념을 아이들은 한 시간 수업을 듣고 이해해야 합니다. 학원 선생님의 설명을 미리 듣거나, 문제집을 풀어도 비율이 무엇인지 쉽게 와닿지 않습니다. 수학을 깊이 있게 공부한다는 것은 개념의 의미를 해석하는 것입니다. 초등학생들에게는 그들의 수준에 맞는 활동 속에서 수학적 개념을 해석하는 시간이 필요합니다. 구체적인 경험들을 통해 정립된 수학적 개념들은 중등에 와서 추상적이고 형식적인 사고를 할 수 있는 밑바탕이 됩니다.

저는 딸과 실생활에서 수학 개념을 미리 경험해 볼 수 있는 간단한 활동들을 함께합니다. 양파 조각을 직접 썰어 본 아이들은 생활에서 분수를 보았기에 친근합니다. 분수가 필요하다는 것을 알게 되고, 수업 시간에 꺼내어 개념에 연결할 수 있는 유의미학습의 통로가 됩니다. 유의미학습이란, 새롭게 배워야 할 학습 내용들이 학습자가 이미 가지고 있는 기존의 인지구조와 관련 지어질 때 학습자에게 새로운 의미를 부여하게 된다는 것으로, 교육학자인 오스벨이 사용한 개념입니다. 수학이 아이들의 경험과 연결되는 의미 있는 공부로 다가갈 때 아이들은 수능 1등급으로 다가가게 됩니다. 일상에서 수학 선행을 하는 구체적인 사례들을 2장에서 확인하시기 바랍니다.

셋째, 성취감 수학입니다.

중학생만 되어도 아이들이 부모님 말씀을 듣는 경우는 그리 많지 않습니다. 이런 중등 때 부모님이 시키지 않아도 아이들이 스스로 수학을 공부할 수 있게 하는 방법은 초등 때 수학 공부의 맛을 보여 주는 것입니다. 수학의 재미와 매력을 초등 때 느껴 본 아이들은 중등 때 수학이 자기들을 괴롭힐지라도 끝까지 함께 갈 수 있는 저력을 발휘할 수 있습니다.

다양한 수학 선택 활동을 통해 수학을 좋아하는 마음을 품은 아이에게 적절한 난도의 수학 문제를 적은 양만 풀 수 있게 준비해 주시기 바랍니다. 10분 정도 고민하다가 부모님께서 던진 힌트 하나로 풀 수 있는 방법을 생각해 냈을 때의 짜릿함과 답이 맞았을 때의 쾌감은 수학만이 줄 수 있는 성취감입니다. 초등 때는 열 권의 문제집을 푸는 것보다 열 문제 속에서 성취감을 느끼는 것이 훨씬 더 중요합니다. 과제집착력의 뿌리를 심고 줄기를 세운 후, 자신의 수학 성장 역사가 담긴 오답노트와 깔끔하게 정리된 수학 문제풀이 노트를 통해서 아이에게 만족감을 선물해 줄 수 있는 성취감 수학의 방법을 3장에 실었습니다.

텔레비전 채널을 돌리는데 내용을 전혀 모르는 처음 보는 드라마는 별 재미가 없습니다. 등장인물과 드라마 내용을 알고, 그 내용이 내 생활과 관련될 때 우리는 드라마를 챙겨 보게 됩니다. 스토리가 재미있고 주인공이 매력적이면 더욱 푹 빠져들고요. 우리 아이들이 수학을 챙겨서 공부하게 되는 것도 같은 원리입니다. 수학 내용을 알아야 하고, 아이들 생활과 수학이 관련이 있어야 합니다. 아이들이 수학의 재미와 매력에 푹 빠지게 할 그 비법이 펼쳐집니다.

초등 수학의 선행 핵심 1
완전 학습

저는 교과서와 많은 문제집들을 연구하면서 교과서의 중요성을 그 누구보다 절감할 수 있었습니다. 특히 초등 수학 교과서는 볼 때마다 치밀한 구성력에 감탄합니다. 교과서를 펴면 첫 단원이 시작되는 그림부터 마지막 페이지 '수학으로 세상 보기'까지 그 어느 것 하나 허투루 있는 내용이 없습니다.

수학을 깊이 있게 파고 들기 위해서는 반드시 수학적 개념을 이해할 수 있는 다양한 활동과 설명이 필요합니다. 그 어떤 책이나 문제집도 교과서보다 더 정교하게 개념을 설명하지는 못합니다. 교과서에서는 초등 수준을 고려한 학습 활동을 제시하고 이해를 돕기 위한 다양한 모델과 실생활 소재들을 소개합니다. 예를 들어, 분수의 나눗셈 방법을 바로 알려 주는 것이 아니라, 학생들이 스스로 방법을 찾아갈 수 있도록 안내해 주고 친구들과 이야기 나누는 과정을 통해 함께 발견해 갈 수 있도록 교과서가 구성되어 있습니다. 중등 수학을 공부하기 위해서 필요한 수학적 사고력을 키울 수 있도록 각 단원 끝부분에는 '도전수학'과 '탐구수학'이라는 좋은 수학 문제들도 있습니다. 확신하건대, 초등 수학 교과서를 처음부터 끝까지 제대로 배우고 익히면, 중등 수학은 어렵지 않습니다. 물론, 수학익힘책과 문제집을 푸는 시간도 필요하지만, 그 전에 반드시 교과서 속 개념들을 확실하게 정리하고서 문제를 풀어야 합니다. 교과서에서는 꼭 필요한 성취기준만을 다루기 때문에 많은 문제집 속의 다양한 문제들을 풀 때 중요한 문제들을 선별할 수 있는 기준도 됩니다.

사실 제가 완전 학습을 위해서 교과서를 중요하게 생각하는 가장 큰 이유는 대부분 교과서로 학교 수업이 진행되기 때문입니다. 이런 이유로 저는 완전 학습을 위한 가장 기본적인 교재로 교과서를 활용합니다. 방학 때 교과서로 한 학기 분량의 개념을 예습하고, 기본 문제집을 통해 개념 이해도를 체크합니다. 아이가 이해하기 어려워하는 개념 부분은 실생활 선행을 통해 개념을 접할 수 있는 기회를 만들어 주고, 그 개념을 배우는 수업 시간에 특히 집중할 수 있도록 미리 말해 줍니다. 매일 그날 배운 수업 내용을 교과서를 이용해서 복습하고, 응용 문제집을 통해 실력을 탄탄하게 다집니다. 복습하면서 딸이 저에게 수업 시간에 배운 수학 내용을 설명해 주는 것을 듣거나, 교과서에 필기한 내용을 보며 그날 수업 태도를 추측해 보기도 합니다. 아이의 행복을 최우선으로 생각하는 엄마이자 동시에 수학을 잘 가르치고자 노력하는 교사로서 교과서를 어떻게 활용해야 하는지 지금부터 구체적으로 알려 드리겠습니다.

완전 학습을 위한 방법 1
예습

초1, 2 예습법

전 아이가 수업 시간에 선생님 설명을 잘 이해할 수 있게 도와주기 위해서 예습을 시킵니다. 대신 어떤 것을 배울지 기대감과 설렘을 가질 수 있게 깊이 있는 내용까지는 예습하지 않습니다. 예습의 목표는 아이가 어려워할 만한 내용을 찾아 미리 개념을 다양한 방법으로 접하게 해 주는 것에 있으니까요.

초등 1, 2학년 수학 교과서는 내용이 크게 어렵지 않습니다. 아이들이 수업 시간에 선생님 설명을 이해하는 데 큰 어려움이 없기 때문에 부담 없이 가볍게 시키셔도 됩니다. 교과서를 예습하는 과정은 다음과 같습니다.

1단계: 부모님이 수학 교과서를 보면서 어떤 내용을 배우는지 살피고, 아이가 어려워할 만한 곳을 체크해 놓습니다.

2단계: 아이가 수학 동화책 한 권을 읽듯이 혼자서 교과서 내용들을 전체적으로 읽어 보면서, 어렵게 느끼거나 처음 보는 부분을 색연필로 체크하게 합니다. 단원 뒤 '놀이수학', '얼마나 알고 있나요', '탐구수학'은 빼고 학습 내용 중에서만 고르면 됩니다. '놀이수학', '얼마나 알고 있나요', '탐구수학'은 수업 시간에 배운 후 복습으로 하는 것이 더 효과적입니다.

한 권을 한꺼번에 읽기 어려운 아이들은 단원별로 묶어서 하루에 두세 단원씩 읽는 것도 괜찮습니다. 1, 2학년 수학은 아이들이 이미 생활에서 자주 접했기 때문에 많은 내용을 알고 있을 것입니다. 체크를 힘들어하는 아이들은 부모님께서 "100이 10개면 얼마인지 알아?", "1주일은 며칠이야?"처럼 직접 물어봐 주시면서 아이가 잘 모르는 내용을 찾아내시면 됩니다.

3단계: 부모님과 아이 모두 어려운 내용이라고 체크하지 않은 단원은 교과서 끝부분 '얼마나 알고 있나요'를 풀어 보고 정답률이 80% 이상이면 예습에서 빼셔도 됩니다. 아직 예습을 들어가지도 않았는데 우리 아이가 과연 풀 수 있을지 의아하시죠? 1학년 1학기

4단원 비교하기의 '얼마나 알고 있나요' 문제들은 더 긴 것 고르기, 달라진 곳 찾기 등으로 쉽습니다. 아이가 충분히 할 수 있는 단원들이 있을 수도 있으니 한번 도전해 보세요. 물론 모든 단원을 다 예습하셔도 좋습니다.

4단계: 예습해야 할 총 페이지를 넘겨 보면서 하루에 공부할 수 있는 양을 정한 후, 예습을 완료하려면 며칠이 걸리는지 계산합니다. 걸리는 날 수만큼 예습할 수 있는 날짜를 정해서 교과서 예습 진도표를 작성합니다. 예를 들면, 다음과 같습니다.

초등학교 1학년 겨울방학 2-1 예습 진도표

날 수	예습 날짜	교과서 쪽수 진도표	확인
1	1월 4일 월요일	목차, 10-17	
2	1월 5일 화요일	42-47	
3	1월 8일 금요일	50-53	
4	1월 9일 토요일	60-61	
5	1월 11일 월요일	62-65	
6	1월 12일 화요일	66-67	
7	1월 13일 수요일	68-69	
8	1월 14일 목요일	70-73	
9	1월 15일 금요일	74-75	

10	1월 18일 월요일	78–81
11	1월 19일 화요일	82–83
12	1월 20일 수요일	122–127
13	1월 21일 목요일	130–137
14	1월 22일 금요일	144–149
15	1월 23일 토요일	152–155

진도표에 빠진 페이지는 아이가 아는 내용일 경우 생략 가능하다는 것을 알려 드리기 위해서입니다.

5단계: 진도표를 완수할 수 있는 하루 계획표를 작성한 후, 실천하고 확인란에 서명합니다.

교과서 예습을 시작하는 첫날은 부모님과 아이가 함께 책상에 앉아서 전체 페이지를 넘기면서 어떤 내용들이 나오는지 이야기를 나누며 살펴보시기 바랍니다. 그 후 목차를 보면서 교과서에 어떤 내용들이 나왔는지 아이에게 물어봐 주세요. 아이가 기억을 못하는 단원은 다시 교과서를 살펴보도록 도와주세요. 아이가 전체 목차를 기억할 수 있다면 더욱 좋습니다. 이런 과정들을 통해서 아이는 수학의 전체적인 흐름을 파악하게 됩니다. 수학을 잘할 수 있는 중요한 포인트 한 가지는 아이가 현재 배우고 있는 내용이 어떤 단원에 속하는 것인지를 늘 말할 수 있는 것입니다. 복습할 때도 수시로 지금 공부하고 있는 단원의 목차를 아이에게 물어봐 주시기 바랍니다.

2부의 초등 수학 교육과정 표를 참고하셔서 2학년 1학기 1단원 '세 자리 수' 목차를 보면서 1학년 때 배운 '100까지의 수'를 기억하는지 확인하시고, 2학기에는 '네 자리 수'를 배운다는 걸 아이에게 알려 주셔도 좋습니다. 다음 학기에 배울 내용이 이전 학년에 배웠던 내용들과 어떻게 연결이 되고, 앞으로 무슨 내용으로 발전해 나가는지 수학의 구조를 알게 됩니다.

진도표에 해당하는 교과서 내용은 아이와 꼼꼼하게 읽고 주어진 활동과 문제를 해결하면 됩니다. 도와주기 힘든 부분은 교사용 지도서를 참고하시고, 해당 내용의 수학익힘책도 풀 수 있도록 준비해 주시기 바랍니다. 이해를 돕기 위해 4일차 진도에 해당하는 교과서 예습 방법을 보여드리겠습니다.

- **범위** 교과서 p. 60-61
- **목차** 2학년 1학기 3단원 덧셈과 뺄셈
- **학습 내용** 받아올림이 있는 두 자리 수 + 한 자리 수

엄마 오늘부터는 덧셈을 공부해 보자. 1번 문제 한 번 읽어 볼래?

하늘 앵무새는 모두 몇 마리인지 알아봅시다.

엄마 앵무새가 줄에 몇 마리 있어?

하늘 (세어 보고) 15마리요.

엄마 모이를 먹고 있는 앵무새는 몇 마리야?

하늘 6마리요.

엄마 그럼, 앵무새가 모두 몇 마리인지 식으로 써 볼 수 있을까?

하늘 15 + 6이요.

엄마 잘했어. 오늘부터는 이런 덧셈식을 계산하는 방법을 찾아보자. 우선 수 모형으로 15개와 6개를 준비해 줄래?

하늘 (수 모형을 준비한다.)

엄마 15와 6을 어떤 방법으로 더하면 될까?

하늘 6개에서 5개를 15에 가져가면 20이 되고, 1개가 남아요.

엄마 그래서 21이 되는구나. 또 어떻게 할 수 있을까?

하늘 십 모형 1개에 일 모형 11개가 있어서 일 모형 10개를 십 모형 1개로 만들면 십 모형 2개에 일 모형 1개도 돼요.

엄마 와, 굿! 일 모형끼리 먼저 더해서 십 모형이 되면 십 모형 자리에 옮겨 주면 좋겠다. 일 모형끼리 더하는 것은 할 수 있겠어?

하늘 네.

엄마 그럼 하나 더 연습해 볼까? 동물원에 청둥오리가 27마리, 흰뺨오리가 9마리가 있어. 오리는 모두 몇 마리일까?

하늘 (수 모형 27개와 9개를 준비하고) 일 모형 7과 9를 더하면 십 모형 1개와 일 모형 6개가 되니까 십 모형은 모두 3개가 되고 일 모형은 6

개 남아요. 그래서 36마리요.

엄마 아주 잘하네. 그런데 하늘이가 문방구에서 연필 24자루랑 지우개 8개를 샀어. 모두 몇 개인지 문방구에서는 수 모형을 이용할 수가 없잖아. 24와 8을 어떻게 더하면 좋을까?

하늘 24부터 25, 26, 27 … 이렇게 세어요.

엄마 아주 좋아. 그럼, 수 모형을 머릿속에 그려 볼 수 있겠어?

하늘 4와 8을 더하면 12니까 20에 10을 더해 주면 32요.

엄마 그렇지. 하늘이처럼 일의 자리끼리 더해서 십이 넘으면 십의 자리로 올려 주는 방법을 생각한 사람들이 있었어. 이렇게 십이 되면 윗자리로 올려 주는 것을 수학에서는 받아올림이라고 불러. 윗자리로 올리려면 숫자의 자리가 무척 중요하니까 자릿수를 맞춰서 써 줘야 해. 그래서 교과서 보면 자릿수를 구별해 주려고 이렇게 점선을 그어 놓은 거야.

하늘 그렇구나.

엄마 그럼 2번 그림을 보고 계산하는 방법을 설명해 줄 수 있겠어?

하늘 자릿수를 맞춰 두 수를 쓰고 일의 자리끼리 더해서 십이 넘으니까 십의 자리에 1을 올려 줬어요.

엄마 이때 1은 진짜 값이 얼마일까?

하늘 10이요.

엄마 맞아. 숫자로는 1이지만, 십의 자리에 있으니까 값은 10이 되는 거야. 이렇게 세로로 두 수를 자릿수에 맞춰 쓰고 받아올림을 이용해서 계산하는 방법을 세로셈이라고 불러. 세로셈을 이용하면 수 모형이 없어도 간편하게 덧셈을 할 수 있어. 수학하는 사람들은 간편한 것을 좋아하거든. 그럼 교과서 3번을 천천히 풀어 볼래?

하늘 네.

엄마 (교과서 푼 것을 채점 후) 마지막으로 익힘책 한번 풀어 볼까?

하늘 네

엄마는 아이가 익힘책을 풀고 나면 채점한 후 틀린 문제는 아이가 다시 풀어 보게 합니다. 틀린 이유를 함께 생각해 보고 문제 옆에 간단히 적은 후 예습을 마무리합니다.

초1, 2는 예습을 하지 않아도 아이들이 소화하는 데 많이 힘들지 않습니다. 그럼에도 제가 아이와 예습을 하는 이유는 완전 학습을 위한 공부 습관을 길러 주기 위해서입니다. 1학년 때부터 예습은 필요한 과정임을 아이들이 인지할 필요가 있습니다. 그러나 대부분의 초등학생들이 처음에는 스스로 계획을 세우고 실천하기가 어렵습니다. 그래서 부모님께서 계획표 세우는 방법을 아이에게 알려 주시는 과정이 바로 초1, 2의 예습입니다. 꾸준히 계획표를 실천하면서 공부 습관과 스스로에 대한 믿음을 키울 수 있도록 도와주세요.

초3, 4, 5, 6 예습법

아이들이 초3이 되면 부모님 마음이 초조해지기 시작합니다. 수학을 초1, 2 때처럼 가볍게 훑어보기에는 아이가 모르는 내용도 많고, 연산도 익힐 것이 많아집니다. 사칙연산은 2학년 여름방학부터는 매일 연산 문제집을 풀면서 한 학기 정도 빠른 진도를 능숙하게 연습하는 과정이 필요합니다. 또 3학년부터 나눗셈과 분수 등 중요한 내용들이 많이 나오기 때문에 초1, 2 때와는 달리 좀 더 꼼꼼하게 예습하는 것이 필요합니다. 초3부터는 모든 단원을 공부하되 목차 순서가 아닌 영역별로 묶어서 예습시키면 더 효과적입니다. 그리고 3학년 예습부터는 로드맵에서 알려 드렸던 기본 문제집도 교과서와 함께 풀어 보는 것이 좋습니다. 물론 첫 예습 시간에는 초1, 2 예습 때와 마찬가지로 목차와 교과서 전체 내용을 꼭 한번 살펴보시기 바랍니다. 예습하는 과정은 다음과 같습니다.

1단계: 부록(324 페이지)을 참고하셔서 아이에게 맞는 기본 문제집을 구매하시고, 방학 동안 예습 가능한 날 수를 계산합니다.

2단계: 예습 가능한 날짜에 맞춰 진도표를 작성합니다. 20일 정도의 날짜를 확보하되, 안 되면 하루 진도량을 늘립니다.

초등학교 2학년 겨울방학 3-1 예습 진도표

날 수	예습 날짜	영역	목차	교과서 쪽수 진도표	확인
1				목차, 10-15	
2			1. 덧셈과 뺄셈	16-19	
3				20-21	
4				52-53	
5			3. 나눗셈	54-55	
6				56-61	
7		수와 연산		70-73	
8			4. 곱셈	74-77	
9				78-79	
10				112-113	
11				114-117	
12			6. 분수와 소수	118-121	
13				122-125	
14				126-129	
15				30-33	
16		도형	2. 평면도형	34-37	
17				38-43	
18				88-93	
19		측정	5. 길이와 시간	94-97	
20				98-101	

여기에 나오지 않은 각 학년별, 학기별 예습 진도표는 부록(325페이지)을 참고하셔서 여건에 맞게 다시 작성해 사용하시면 됩니다.

3단계: 하루 계획표 작성 후 예습하고 확인란에 서명합니다. 이 3단계에서는 교과서 예습을 하는데요, 아이는 교과서 내용을 낭독하고, 제시된 활동들을 부모님과 함께하는 과정에서 개념을 체험해 볼 수 있습니다. 이때 이 책에 실린 실생활 선행 활동도 병행한다면 더 좋습니다. 교과서에 나오는 '이야기해 보세요', '설명해 보세요' 같은 내용들을 부모님과 함께 대화를 나누며 공부하면서 수학적 의사소통 능력을 기르는 것도 추천합니다. 수학을 잘한다는 것이 문제집의 문제를 잘 맞히는 것만을 의미하지는 않습니다. 중등 수학 수행평가를 잘하기 위해서는 하나의 문제에 대한 해결 방안을 추론하고, 논리적으로 자신의 생각을 이야기할 수 있어야 합니다. 아이들이 치르게 될 수능 시험에 수학 서술형 문항이 도입될 경우, 가장 빛을 발하게 될 역량입니다.

4학년 때까지 단원의 첫 장 제목은 흥미를 유발시키기 위한 도입이기 때문에 간단히 살펴보는 수준으로 넘어가면 됩니다. 그러나 5학년부터는 각 단원 첫 장을 예습할 때 배운 내용을 알고 있는지 꼼꼼하게 확인하시고, 배울 내용도 함께 이야기해 주시면 더 좋습니다. 5학년 수학책에 각 단원의 첫 장 제목 부분에 그 전에 배운 내용과 앞으로 배울 내용이 도식화되어 제시됩니다.

4단계: 그날 교과서 진도에 해당하는 익힘책과 기본 문제집을 풉니다. 틀린 문제는 틀린 이유를 분석해서 문제 옆에 아이가 다음과 같이 간단하게 정리할 수 있도록 도와주세요.

> 계산 실수 – 곱셈 연산 연습 필요
> 문제 잘못 이해함 – 문제를 꼼꼼하게 읽기
> 평면도형 돌리기 헷갈림 – 우봉고 돌리기 게임하기

기본 문제집을 푸는 이유는 교과서를 통해 정리한 개념을 어느 정도 이해했는지 확인하기 위해서입니다. 잘하는 단원은 조금만 풀고, 부족한 단원은 많이 풀면서 약한 부분을 발견해 보완하는 것에 주안점을 두셔야 합니다. 교과서 개념 이해를 위해 예습 20%, 수업 50%, 복습 30% 정도의 비중으로 조금씩 채워 나가면 됩니다. 그리고 문제집을 풀면서 발견한 약한 부분은 보드게임이나 교구, 수학 도서 같은 선택 활동으로 보완해 주실 수도 있습니다.

아이마다 다르기에 알려 드린 방법을 참고해 아이가 수업 시간에 선생님 말씀을 스펀지처럼 쏙쏙 빨아들일 수 있기를 기대합니다.

중1 예습법

드디어 아이가 초등생활의 마지막 계단 6학년을 마치고, 중등의 첫 계단에 오를 가슴 벅찬 시간에 도착했습니다. 6학년 겨울방학 때는 중학교 수학공부를 할 수 있는 힘을 키울 수 있게 해 주셔야 합니다. 그 힘을 어떻게 키울 수 있을까요?

초등 예습이 수업 시간 이해를 돕기 위한 것이었다면, 중등 예습은 수학에 자신감을 갖게 하는 것이 가장 큰 목적입니다. 초등은 한 차시 수업 분량이 많지 않고, 집중해서 들으면 대부분 내용을 이해할 수 있습니다. 그러나, 중등 때는 예습을 아무리 꼼꼼하게 하고, 수업을 열심히 들어도 이해가 안 되는 부분이 생기게 됩니다. 그때 수학에 자신감이 있는 학생은 '내가 모르는 부분은 공부하면 알 수 있다'는 믿음이 있어서 복습할 때 끝까지 파고들어 자신이 모르는 것을 아는 것으로 바꿉니다. 그러나 자신감이 없으면 자신이 알 능력이 안 된다고 생각해서 쉽게 포기하고 넘어갑니다. 이 지점에서 중등 수학 격차가 벌어지기 시작합니다.

중등 수학이 천재들만 이해할 수 있는 어려운 내용도 아니고, 학생들 대부분이 천재도 아닌 이상 결국 성적은 누가 수학 공부에 더 많은 정성을 들였는가에서 판가름 납니다. 수학 공부에 정성을 쏟을 수 있는 힘은 자신감에서 나옵니다. 중등 수학에 자신감을 키워 주기 위해서 6학년 12월, 1월, 2월 동안 아이 스스로 계획을 짜서 중1 교육과정 전체 예습을 완수하는 경험이 필요합니다. 이렇게 일 년 예습을 하는 이유는 충분히 그렇게 할 수 있는 능력이 생겼기 때문이고, 1년 예습을 했다는 데서 오는 심리적 지지대를 세워 주기 위해서입니다. 중1 과정 예습은 다음과 같이 진행하시면 됩니다.

1단계: 중1 예습을 시작하기 위한 가장 중요한 첫 과정은 교과서에 나온 개념 이해를 돕기 위해 개념 설명이 자세한 기본 문제집을 준비하는 것입니다. 초등과는 달리 중등은 방대한 양과 난이도로 인해 교과서만으로는 개념을 이해하기 어려운 부분이 많습니다. 그렇기 때문에 교과서 설명을 보완해 줄 수 있는 자세한 개념 설명 위주의 기본 문제집이 필요합니다. 제가 학생들에게 추천하는 문제집 목록을 부록(324 페이지)에 실어 놓았으니 참고해 주시기 바랍니다.

또는 개념 위주로 설명해 주는 인터넷 강의나 학원, 개인 과외 등 다양한 다른 방법을 이용하실 수도 있습니다. 그러나 반드시 아이가 혼자서 공부할 수 있는 시간을 확보해 주셔야 합니다. 아이의 성향과 여건을 고려해 가장 적합한 방법을 골라, 3개월 동안 1년 예습을 완수할 수 있는지 확인 후 선택하면 됩니다.

2단계: 기본 문제집 페이지를 90(31+31+28)일로 나누어 하루에 공부할 양을 정합니다. 예를 들어, 1학기와 2학기를 합친 기본 문제 집이 총 900페이지면 하루에 대략 10페이지씩 공부를 하면 됩니다. 가장 양이 많은 문제집을 예로 들었기 때문에 대부분의 경우 이보 다 더 적은 양을 공부하게 됩니다. 12월은 방학 전이기 때문에 하루 에 8페이지씩, 1월과 2월은 12페이지씩 다음과 같은 진도표를 작 성합니다. 3일 정도는 졸업식이나 휴가를 위해 비워 둡니다.

초등학교 6학년 겨울방학 중1 예습 진도표

날 수	예습 날짜	기본 문제집 쪽수 진도표	확인
1	12월 1일	목차 및 전체 내용 살피기	
2	12월 2일	1–8	
...	...	...	...
31	12월 31일	233–240	
32	1월 1일	일 년 계획 세우기	
33	1월 2일	241–252	
...	...	...	...
62	1월 31일	589–600	
63	2월 1일	601–612	
...	...	...	...
89	2월 27일	885–896	
90	2월 28일	897–900	

3단계: 진도표를 완수할 수 있는 하루 시간을 확보한 후에 실천하고 확인란에 서명합니다.

4단계: 기본 문제집 진도에 해당하는 교과서의 내용을 읽고 풀어 봅니다.

5단계: 교과서에 나온 주요 개념들을 자신만의 언어로 다음과 같이 노트에 정리합니다.

1. 소인수분해
① 소수: 1보다 큰 자연수 중에서 1과 자기 자신만을 약수로 갖는 수
(예: 2, 3, 5, 7 …)

개념 정리를 끝낸 후, 기본 문제집이나 교과서 공부를 하면서 이해가 안 되는 부분이나 궁금한 내용이 있으면 질문할 내용을 노트에 함께 적어 놓습니다.

6단계: 주말에 부모님께서 노트를 보면서 아이에게 개념 설명을 부탁하면 됩니다. 노트에 적힌 질문은 인터넷 검색이나 교육카페에 질문하기, 인강 및 다른 수학 교재 연구 등 다양한 방법으로 함께 답을 찾아보시기 바랍니다. 학기 중에 수학 선생님께 직접 여쭤 보

는 것도 괜찮습니다. 단, 반드시 학기 중에 복습할 때까지는 해결할 수 있도록 살펴 주시기 바랍니다. 이 질문을 해결하는 것이 우리 아이의 수학 성적을 높이는 방법입니다.

우리나라 초6 중에서 이 진도표를 완수할 수 있는 아이가 몇 명이나 있을까요? 저는 이 책을 읽는 부모님의 자녀가 그 행운의 주인공이 되었으면 하는 바람이 간절합니다. 예습 과정을 보면서 어떤 생각이 드셨나요? 참 어려운 과정이라서 손쉽게 다른 곳에 맡기고 싶다는 생각도 드셨을 것입니다. 그러나 중1 예습의 핵심은 중1 수학 내용을 배웠다는 것이 아니고, 스스로 계획을 짜서 수학 예습을 완수했다는 자신에 대한 믿음을 심어 주는 것입니다.

우리 아이들이 자라서 고등학교 수학을 공부하기 위해서 가장 필요한 것은 개념서 한 권을 스스로 완전하게 학습하는 것입니다. 학원에서 진도를 나가거나, 다른 사람이 가르쳐 주는 것을 구경하는 것이 아니라, 스스로 진도표를 작성해서 책 한 권을 매일 조금씩, 하지만 꾸준히, 끝까지 끝내는 것입니다. 그러나 이것을 실천하는 고등학생은 대한민국에 별로 없습니다. 초등 시절에 이 힘을 기르지 못했기 때문입니다. 아이들이 수포자가 되는 것은 늘 수학을 구경만 했지 수학 개념을 스스로 질문하고 스스로 답하는 공부를 해 본 적이 없기 때문입니다. 인생의 전환기인 6학년 겨울방학 때는 중등 수학을 어떻게 공부해야 하는가에 대한 방법을 반드시 예습이라는 도구를 통해서 알려 주셔야 합니다. 고기 잡는 법을 배운 아이들은 스스로 수학이라는 고기를 낚을 것이고, 애쓰신 부모님들께서는 아이들이 낚아온 고기를 보며 행복해 할 시간이 다가올 것입니다.

학원 수강 학생들의 예습 방법 /

학원에서 다음 학기 수학 내용을 예습하는 경우에는 개인적으로 교과서와 기본 문제집의 진도표를 작성해서 실천하는 게 시간적으로 제약이 많을 것입니다. 그렇다고 학원만 다니는 것은 듣고 구경하는 공부로 끝날 위험이 있습니다. 학원을 다니기 때문에 아니라, 아이가 공부를 해야 성적이 오르기 때문입니다. 학원이 아이 공부에 어떻게 도움이 되고 있는지 다음 과정을 실천하면서 살펴 주세요.

1단계: 학원 수업이 끝나면 그날 학원에서 배운 내용을 바로 복습하며 중요 개념들을 노트에 정리합니다.

2단계: 학원 진도에 해당하는 교과서의 내용을 공부합니다. 그 후 학원 과제를 수행합니다.

3단계: 주말에 삼십 분 정도 일주일 동안 학원에서 배웠던 내용을 아이가 간단하게 부모님께 설명하게 합니다. 부모님은 설명을 듣고, 정리된 학원 복습 노트를 보면서 궁금한 점을 질문하거나 잘된 점을 칭찬해 줍니다.

저는 중고등학교 때 수학 학원을 많이 다녔습니다. 심지어 학원 숙제를 해결하기 위해 과외도 받았습니다. 6시쯤 학교에서 수업을 마치고, 9시쯤 학원에서 끝나 집에 오면 10시였고, 그러면 밤 12시까지 과외 수업을 받았습니다. 그러니 늘 피곤하고, 시간은 없었으며, 성적은 기대만큼 쉽게 오르지 않았습니다. 그러던 제가 고등학교 2학년이 되면서 학교 기숙사에서 생활하게 되었습니다. 기숙사에서는 주말에만 외출이 허용되기 때문에 평일 저녁 시간이 오롯이 제 시간이 되었습니다. 하지만 저녁 6시부터 밤 12시까지 자유를 누려 본 적이 없던 저는 그 시간을 어떻게 보내야 할지 몰랐습니다. 그때 느꼈습니다. 제가 학원을 다녔던 이유는 수학을 배우기 위해서가 아니라 내 불안을 누르기 위해서였다는 것을요. 누군가의 도움 없이 혼자서 수학 공부를 하기 시작하면서 비로소 저는 지금까지 제가 공부를 했던 것이 아니라, 공부를 하고 있다고 착각하고 살았던 걸 깨달았습니다. 저는 학원을 필요로 하고 좋아하는 학생들을 위해 학원 교육은 있어야 한다고 생각하는 사람입니다. 그런데 저처럼 늦은 깨달음을 얻지 않기 위해서는 학원을 다니면서도 반드시 지켜야 하는 것이 있습니다. 그것이 바로 앞에서 알려 드린 예습 과정입니다.

첫째는 학원에서 배운 내용을 복습하는 시간이 확보되어야 학원을 다니는 효과가 나타납니다. 둘째는 반드시 교과서로 예습하는 시간이 필요합니다. 마지막으로 학원에서 공부하는 것을 부모님이 확인하는 과정이 있어야 합니다. 부모님의 노력과 손길만큼 우리 아이는 학원 공부의 도움을 최대한 받을 수 있습니다. 부모님이 힘들게 번 돈으로 쓰는 학원비와 아이들이 투자하는 소중한 시간을 의미 있게 성장시키기 위해, 앞에서 알려 드린 세 가지 단계를 부모님들께서 마음 속에 새겨 주실 것을 부탁드립니다.

완전 학습을 위한 방법 2
수업

1970년대 이후 미국에서는 'back-to-basics' 운동이 교육에 영향을 주게 됩니다. 검증되지 않은 혁신이 학문의 표준을 저하시키기 때문에 기본으로 돌아가서 본질적인 학교 기능에 집중해야 한다는 취지의 운동입니다. 부모님들께서는 학생의 기본이 무엇이라고 생각하세요? 전, 세월호 사건 이후 학생의 기본은 행복이라는 것을 알게 됐습니다. 공부를 좋아하지는 않아도 공부하는 순간이 행복한 것이 학생의 기본이라는 것을 배운 것이죠. 그리하여 저는 딸에게 배움이 행복을 주는 자리에 있을 수 있도록 늘 방법을 고민해 왔습니다.

학생들은 수업 시간이 재미있으면 일상이 행복합니다. 물론 해마다 만나는 선생님에 따라 수업 시간이 즐거울 수도, 지겨울 수도 있겠지요. 그러나 같은 영화를 보고도 관객들의 반응이 모두 다르듯이, 같은 수업 시간에 대해서도 아이들 각자가 자신의 반응을 선택할 수 있다는 것을 부모님께서 가르쳐 주셔야 합니다.

눈맞춤

그렇다면, 우리 아이들은 어떤 수업 태도를 선택해야 행복할까요? 저는 3월 첫 주 수업을 몇 번 진행해 보면 그 반에서 누가 성적이 좋을지, 누가 행복해하는지 금세 알 수 있습니다. 첫 번째 포인트는 눈맞춤입니다. 반드시 매 수업마다 선생님이나 발표자에게 눈을 맞추라고 알려 주시기 바랍니다. 너무 소소해서 실망하셨나요? 역사는 늘 작은 행동에서 시작됩니다. 눈맞춤은 집중을 위한 가장 좋은 몸가짐입니다. 그리고 본능적으로 교사는 자신을 쳐다보는 학생을 쳐다보게 되어 있습니다. 그 학생이 수업 내용을 이해 못하는 것 같으면 다시 한 번 설명해 주는 것이 인지상정입니다. 수업 시간에 교사와 연결되는 느낌은 아이를 행복하게 해 줍니다. 행복한 시간은 빨리 흐르는 것처럼 느껴집니다. 수업이 벌써 끝났다는 느낌을 우리 아이들이 마음속에 품었는지 물어보시기 바랍니다.

대답

두 번째 포인트는 대답입니다. 선생님이 학생들에게 질문하면 대다수의 학생들은 자신이 대답하지 않아도 된다고 생각합니다. 그러나 우리 아이에게 꼭 가르쳐 주시기 바랍니다. 그 질문은 바로 너에게 하고 있는 것이라고요. 수업 시간에 자신이 아니면 이 수업이 진행되지 않는다는 생각으로 참여하는 것은 아이를 수업의 객체가 아닌 주체로 만들어 줍니다. 자신이 주인공이 되어 만들어 가는 수업은 그 시간에 몰입하게 만듭니다. 모르면 모른다고 대답하고, 아는 것은 적극적으로 나서서 발표하는 과정에서 자신이 멋있게 느껴집니다. 선생님은 물론이고 친구들에게도 인정받게 됩니다. 대답은 상대방을 위한 것이기도 하지만 자신에게 들려주는 역할도 하기 때문입니다. 자신을 열심히 표현하는 대답 속에서 졸음은 날아가고 자신감이 몰려옵니다.

필기

마지막 포인트는 필기입니다. 수업 시간에 필요할 때, 적절한 방법으로 책이나 노트에 필기하는 것은 아이가 수업 시간에 최선을 다하는 좋은 방법입니다. 수업하다가 궁금한 것이 생기면 책 한 쪽에 Q(uestion) 표시 후 간단히 메모를 남긴다거나, 선생님이 강조하는 교과서 내용에 밑줄을 긋는 활동 속에서 아이들은 공부에 재미를 느끼게 됩니다. 정성껏 풀어놓은 수학 교과서 페이지가 한 장 한 장 넘어갈 때마다 아이들은 자신의 성취물에 만족감을 느끼게 됩니다. 복습할 때 교과서에 필기된 내용은 수업 때로 다시 돌아가 볼 수 있는 매개체 역할도 해 줍니다. 물론 필기에만 치중하면 안 되겠지만, 적당한 필기는 여행 후에 남는 사진처럼 오랜 시간 그 수업을 기억할 수 있게 도와줍니다.

이렇게 주도적으로 참여하는 수업 태도는 아이의 행복과 더불어 좋은 성적을 받을 수 있는 기본이 됩니다. 그러나 초등 때 수업 태도가 중학생이 된다고 쉽게 바뀌지 않습니다. 많은 중등학생들 중에서 기본을 실천하는 아이도 드물지만, 기본을 배워 본 아이는 더 찾기 힘든 것이 사실입니다. 아이와 수업 태도의 기본에 대해 많은 대화를 나누신 후, 실천할 수 있게 응원해 주셔서 우리 아이들이 행복한 우등생으로 자라날 수 있도록 도와주세요. 그리고 <u>하교 후에는 반드시 아이들이 쉴 수 있는 여유를 주세요.</u> 아이들은 기계가 아니기에 하루 8시간 이상 집중하는 것은 불가능합니다. 학교에서 행복하게 모든 집중력을 쏟고 올 수 있도록 가정에서는 편안한 쉼을 선물해 주셨으면 좋겠습니다.

예습이 애피타이저라면, 수업 시간은 메인 요리입니다. 모든 수학적 개념을 제대로 흡수할 수 있는 가장 중요한 순간입니다. 곁들여지는 가니시가 메인 요리의 맛을 방해하지 않도록 기본에 충실한 공부로 안내해 주시는 현명한 부모님들을 응원합니다.

완전 학습을 위한 방법 3
복습

초1, 2 복습법

'굳이 초1, 2 때 복습할 필요가 있을까' 싶죠? 맞습니다. 사실 복습할 내용이 별로 없습니다. 그럼에도 저는 입학식 다음 날부터 딸과 그날 배운 수업 내용을 복습하기 시작했습니다. 10분 남짓 안 되는 복습을 위해 교과서를 무겁게 가지고 다녀야 하는 번거로움을 감수하는 이유가 무엇일까요?

우리가 트럭에서 붕어빵 장사를 한다고 가정해 볼게요. 장사할 때는 바쁘니까 돈주머니에 손님한테 받은 돈을 그냥 집어 넣습니다. 집에 오면 어떻게 할까요? 돈주머니에서 돈을 모두 꺼내 지폐 종류별로 차곡차곡 정리할 겁니다. 그렇게 해야 그날 수입을 알 수 있고 장사한 보람도 느낄 테니까요. 손님이 적게 온 날은 수입이 별로 없겠지만 그렇다고 돈주머니를 그냥 트럭에 두고 오지는 않죠? 복습도 같은 원리입니다. 수업 시간에 빠르게 입력된 지식들을 집에 와서 차곡차곡 교과서를 펴고 정리하는 시간입니다. 장사 초창기부터 수입을 정산하는 습관을 들이지 않으면 커지는 사업 규모를 감당할 수가 없습니다. 이렇듯 초1, 2 복습의 목표는 그날 배운 내용을 그날 공부할 수 있는 습관을 형성시켜 주기 위함입니다. 복습은 다음과 같은 순서로 진행됩니다.

1단계: 교과서를 낭독하고 중요한 내용을 다음과 같이 간단하게 노트에 적습니다.

---

5. 분류하기

① 분류는 어떻게 할까요?

· 분류: 기준에 따라 나누는 것

· 분류는 기준이 정확해야 한다. (파란색 신발, 빨간색 신발, 검은색 신발)

· 예쁜 신발, 예쁘지 않은 신발: 기준이 정확하지 않아서 분류가 어려움

2단계: 아이가 그날 배운 수업 내용을 3분 정도 부모님이나 형제자매 또는 인형에게 간단히 설명하게 합니다. 부모님께서는 학생이 되어 아이를 선생님으로 대접해 주셔야 합니다.

예전에 제가 고2 담임을 할 때, 저희 반에 정말 수학을 잘하는 학생이 한 명 있었습니다. 수학머리가 그렇게 뛰어나지 않음에도 모의고사를 보면 늘 100점을 맞던 친구였지요. 그렇다고 수학 문제를 다른 학생들에 비해 많이 푸는 것도 아니었습니다. 비결이 궁금했던 저는 어느 날 이 친구에게서 들은 한 마디로 '선생님 놀이'의 힘을 깨닫게 되었습니다.

> "선생님, 저 오늘 야간 자율 학습은 빠질게요. 제가 토요일마다 보육원에 가서 아이들 수학 가르치는 봉사활동을 하는데요. 지난 주말에 제가 아파서 못 갔거든요. 오늘 저녁에 다녀오려고요."

그때 저는 결심했습니다. 나중에 우리 집에 아기가 태어나면 꼭 화이트보드를 들여놓겠다고요. 물론 초1, 2 아이들이 설명을 잘할 거라는 큰 기대를 품으시면 절대 안 됩니다. 설명해 주려고 시도해 보는 것만으로도 많은 칭찬과 격려를 해 주시기 바랍니다.

3단계: 익힘책과 기본 문제집을 풀고, 틀린 문제를 분석합니다. 초1, 2 수학 문제들은 별로 어렵지 않기 때문에 아이들이 스스로 생각해서 충분히 틀린 문제들을 해결할 수 있습니다. 틀린 문제는 처음부터 바로 설명해 주지 마시고, 아이가 다시 풀어 보고 고민해 볼 수 있도록 시간을 충분히 주세요. 세 번 정도 시도하다가 안 되는 문제들만 조금 힌트를 주시면 됩니다.

복습 때 푸는 기본 문제집의 목표는 개념을 정리하고 내용들을 연결, 응용하는 것이기 때문에 아이 스스로 풀 수 있다고 격려해 주시는 것이 중요합니다. 틀린 문제의 답을 찾으면 틀린 이유를 문제 옆에 간단하게 정리할 수 있도록 알려 주시기 바랍니다. 특정 개념의 문제를 계속 틀리는 경우는 따로 그 부분만 보충 문제들을 준비해서 아이가 완전히 이해할 수 있을 때까지 공부할 수 있도록 도와주시면 됩니다.

로드맵을 보셔서 아시겠지만 초1, 2 복습 때는 굳이 응용 문제집이나 심화 문제집까지 풀리지 않으셔도 됩니다. 차라리 그 시간에 재미있는 책을 읽을 수 있는 환경을 조성해 주시기 바랍니다. 물론 초등 선택 활동 로드맵에서 알려 드린 창의력 수학이나 다른 다양한 활동들을 함께하는 것도 좋습니다.

저는 부모로서 자식에게 줄 수 있는 가장 좋은 선물은 좋은 습관을 길러 주는 것이라고 생각합니다. 열심히 필기된 수학 교과서를 보며 수업 시간을 정리하는 습관은 중등 수학을 공부하는 데 가장 필요한 시간입니다. 매일 10분이 모여 10년 후의 우리 아이를 만듭니다.

초3, 4, 5, 6 복습법

초1, 2 때의 복습이 공부 습관을 형성시켜 주기 위한 노력이었다면, 3학년 때부터의 복습은 그 습관을 바탕으로 완전 학습을 하는 것이 목표입니다. 즉, 복습 때 그날 배운 모든 내용은 반드시 완전하게 정리하고 다음 수업 시간에 임해야 합니다. 이를 위해 노트 정리부터 문제집 풀이까지 아이가 내용을 정확하게 알고 있는지 꼼꼼하게 확인하는 이삼십 분 정도의 시간이 필요합니다. 복습은 다음과 같은 과정으로 진행됩니다.

1단계: 교과서를 살펴보고 그날 수업 태도를 돌아본 후, 교과서에 있는 문제를 다시 풀어 봅니다.

2단계: 교과서를 보며 중요한 내용들을 다음과 같이 자세하게 노트에 정리합니다.

4. 분수   (11월 5일 목요일)

- 공부 제목: 여러 가지 분수를 알아볼까요?
- 공부 내용: 여러 가지 분수의 종류
- 궁금한 것: 왜 이름을 진분수, 가분수, 자연수라고 했을까?

• 내용 정리

$\frac{1}{4}$이 1개 있으면 $\frac{1}{4}$, $\frac{1}{4}$이 2개 있으면 $\frac{2}{4}$, $\frac{1}{4}$이 3개 있으면 $\frac{3}{4}$,

$\frac{1}{4}$이 4개 있으면 $\frac{4}{4}$, $\frac{1}{4}$이 5개 있으면 $\frac{5}{4}$, $\frac{1}{4}$이 6개 있으면 $\frac{6}{4}$

분자가 분모보다 작은 분수, 같은 분수, 큰 분수가 있다.

$\frac{1}{4}$, $\frac{2}{4}$, $\frac{3}{4}$과 같이 분자가 분모보다 작은 분수를 진분수

(지금까지 배웠던 진짜 분수 모양이기 때문에 진분수)

$\frac{4}{4}$, $\frac{5}{4}$와 같이 분자가 분모와 같거나 분모보다 큰 분수를 가분수

(지금까지 배웠던 분수와 모양이 다른 이상한 가짜 분수이기 때문에 가분수)

$\frac{4}{4}$는 1과 같습니다. 1, 2, 3과 같은 수를 자연수

(늘 자연스럽게 많이 쓰는 수이기 때문에 자연수)

3단계: 노트에 정리된 내용을 바탕으로 그날 배운 내용을 부모님께 설명합니다. 부모님은 이해가 안 되는 부분이나 교사용 지도서를 참고하셔서 아이가 알아야 할 내용을 질문합니다. 예를 들면, 분수 내용과 관련해서 귤 하나를 들고 다음과 같이 물어볼 수 있습니다.

"이 귤 하나를 수학에서 표현하는 다양한 방법을 알려 줄래?"

"1, $\frac{4}{4}$, $\frac{5}{5}$, $\frac{6}{6}$ … 엄청 많아요"

"$\frac{4}{4}$는 왜 1과 같아?"

"수직선을 그려 보면 $\frac{1}{4}$씩 4번 가면 1과 만나잖아요."

"우와, 이렇게 열심히 설명해 줘서 고마워."

물론 아이가 질문의 답을 모를 때도 많을 것입니다. 그럴 때는 다시 교과서나 기본 문제집을 찾아보면서 아이가 답을 설명해 줄 수 있을 때까지 기다리시면 됩니다. 단, 아이가 부족한 부분은 반드시 정확하게 해결하고 넘어갈 수 있도록 확인해 주시기 바랍니다.

4단계: 익힘책과 응용 문제집을 풀고, 틀린 문제를 오답노트에 정리합니다. 응용 문제집 오답이 10문제 중 4개 이상이면 예습 때 풀지 않고 넘어갔던 기본 문제집의 빈 부분들을 풀 수 있도록 도와주세요. 로드맵에서 알려 드린 것처럼 초3, 4는 응용 문제집까지, 초5는 방학 때 심화 문제집까지, 초6은 학기 중 복습할 때 응용, 심화 문제집을 함께 푸는 것을 추천합니다. 예습할 때 기본 문제집을 풀며 틀린 문제는 옆에 간단하게 이유를 분석해서 적었다면, 복습할 때는 응용 문제집에서 틀린 문제는 꼼꼼하게 오답노트를 작성하면서 공부할 수 있도록 도와주시기 바랍니다. 심화 문제집은 처음 문제를 풀 때부터 노트에 정리하며 푸는 습관을 기르는 것이 좋습니다. 응용 문제집 오답노트 작성법과 심화 문제집 문제풀이 노트 정리법은 3장 성취감 수학(275 페이지)에서 자세히 설명하겠습니다.

　초등 수학 공부의 최종적인 목표는 결국 주어진 문제를 전략적으로 잘 푸는 것입니다. 따라서 초등 때 수학 문제를 잘 푸는 방법을 배우고 익히는 것은 아주 중요합니다. 그러나 아이가 문제를 풀도록 준비해 주는 과정에서 함부로 문제집부터 내밀면 안 됩니다. 깨지기 쉬운 유리병처럼 조심스럽게 다가서야 합니다. 한 번 먹는 새우 튀김조차도 요리하는 순서와 과정이 있거늘 소중한 우리 아이의 단 한 번뿐인 초등 수학 공부도 반드시 과정을 지켜 주셔야 합니다. 먼저 실생활에서 개념을 만나고, 교과서로 익힌 후 아이의 때에 맞게 문제집 속으로 빠져들 수 있도록 섬세하게 준비해 주시면 됩니다. 아이가 초등학교 입학하는 순간부터 졸업하는 그날까지 매일 이 과정을 지켜 나간다는 건 아무나 할 수 없는 일입니다. 그래서 중등 수학을 아무나 잘하지는 못합니다. 또, 여러분도 아시다시피 공부를 할 때는 예습, 수업, 복습이 중요합니다. 그러나 아는 것을 실천하는 사람은 적습니다. 어렵기 때문입니다. 이 어려움을 극복하시는 부모님이 단 한 분뿐일지라도 그분을 위해 이 글이 도움이 되었으면 하는 간절한 바람입니다.

현직 교사가 알려 주는 복습 루틴 ✎

저는 아이가 스무 살쯤 되면 홀로서기를 할 수 있도록 양육의 방향을 잡고 초등 교육의 목표를 세웠습니다. 그 목표 실현을 위해 각 학년에 필요한 로드맵을 짜고 매년 아이에게 필요한 학습 내용을 제안합니다. 그 후 아이와 상의해서 아이가 동의하는 내용들로 '오늘의 할 일'(줄여서 오할)이라는 매일의 학습 목표를 작성했습니다.

누구나 복습이 중요하다는 건 알지만 실천은 어렵습니다. 저는 이 어려움을 극복하기 위해 복습 시스템을 구축하고 자연스럽게 루틴이 될 수 있게 오할 속에 복습을 포함시켰습니다. 아이는 세 시쯤 학교에서 돌아와 간식을 먹은 후 매일 오할을 실천합니다. 1학년 때는 한 시간 정도 걸렸고, 4학년인 지금은 두 시간 정도 걸립니다. 오할이 끝나면 놀이터에서 놀거나 책을 보거나 취미 생활을 하면서 자유 시간을 갖습니다.

매주 금요일이면 아이와 함께 다음 주에 실천할 오할에 공부할 내용과 양을 적습니다. 아이는 월요일부터 금요일까지 오할을 실천하며, 한 항목이 완료될 때마다 ○, △, X로 스스로 체크를 합니다. 아이가 초등학교 입학하는 날부터 시작해서 지금까지 단 하루도 빠지지 않고 꾸준히 실천하고 있습니다. 물론 주말과 방학 때는 세상 속에서 배우며 마음껏 놀고 푹 쉬는 시간을 갖습니다. 오할은 1학년부터 6학년까지 아이의 상황과 여건에 따라 내용과 양이 달라지며 크게 매일 해야 하는 것과 매주 해야 하는 것으로 나뉩니다. 매일 해야 하는 공부에 매주 해야 하는 것을 적절하게 분배하여 하루에 해야 하는 내용과 양을 정합니다. 그렇게 매주 같은 패턴의 내용들이 진행되며, 같은 루틴의 하루하루가 쌓여 갑니다. 아이는 오할을 학교 가는 것처럼 당연하게 실천하고, 그 속에 함께 있는 복습도 밥 먹는 것처럼 늘 하게 됩니다.

제가 즐겨 읽는 책에 이런 구절이 있습니다.

'성실하다는 것은, 신문 배달부가 비가 오나 눈이 오나 늘 같은 시간에 신문을 갖다 놓는 것.

성실한 사람은 무슨 일이든 정성껏 하는 사람.'

저는 아이가 오할을 실천하는 과정에서 '성실'이라는 가치를 마음에 심기를 바랍니다. 비록 많은 양을 잘하지는 못할지라도, 매일 조금씩 꾸준히 다 하는 과정에서 아이는 자신을 믿을 수 있게 될 것입니다. 그리고 자신을 좋아하게 될 것입니다. 때론 머리가 아프고, 졸리고, 하기 싫은 날도 많습니다. 그럼에도 불구하고, 한 걸음 내딛는 힘은 부모님의 응원 덕분입니다. 오할이 끝나면 느껴지는 성취감과 달콤한 휴식 때문입니다.

아이의 오할에 ○가 쌓여 갈수록 아이가 자신을 사랑하는 마음도 쌓여 갑니다. 우리 아이들이 매일 수학 복습을 해야 하는 이유는 수능 1등급 때문이 아닙니다. 보다 더 중요한 것은 성실하게 자신과의 약속을 지켜가는 모습을 보면서 스스로에 대한 사랑을 키워가는 시간입니다. 다음 페이지에 나오는 저희 아이의 오할을 참고하셔서 소중한 우리 아이들이 편안한 일상의 루틴 속에서 꾸준히 복습할 수 있도록 살펴 주시기 바랍니다.

행복한 오늘의 할일   (6월 7일~ 6월 11일)

날짜	매일 할 일	확인	매일 복습	확인	매주 할 일	확인
월요일 (6/7) 걸린 시간 ( )	영어책 단어 정리 리딩게이트		영어		문해길 (65-66)	
	동화책 읽기 한자 쓰기		과학		국어독해 (50-53)	
	연산		국어		훌라후프	
	줄넘기				리코더	
화요일 (6/8) 걸린 시간 ( )	영어책 단어 정리 리딩게이트		국어		문해길 (67)	
	동화책 읽기 한자 쓰기		수학		일기 쓰기	
	연산		과학		윗몸 일으키기	
	줄넘기				동시 낭송	
수요일 (6/9) 걸린 시간 ( )	영어책 단어 정리 리딩게이트		국어		사고력 수학 (98-99)	
	동화책 읽기 한자 쓰기		사회		용선생 읽기	
	연산		영어		훌라후프	
	줄넘기				신문 요약	
목요일 (6/10) 걸린 시간 ( )	영어책 단어 정리 리딩게이트		국어		수학 로직 (네모네모)	
	동화책 읽기 한자 쓰기		사회		윗몸 일으키기	
	연산		영어		토론, 발표	
	줄넘기		수학		독후감	
금요일 (6/11) 걸린 시간 ( )	영어책 단어 정리 리딩게이트		사회		문해길 (68-69)	
	동화책 읽기 한자 쓰기		과학		영어 독해 (14-19)	
	연산		수학		리코더	
	줄넘기				일기 쓰기	

수학머리가 있다 없다의 기준이 있나요?

20여 년을 아이들에게 수학을 가르치다 보니, 이제는 한 시간 정도만 이야기해 보면 이 아이가 수학머리가 있는지 없는지 바로 판단이 섭니다. 아이들의 수학 성적도 어느 정도 예상이 되고요. 또 고등수학에서 필요한 수학머리를 가진 아이들도 많이 만났습니다. 그 아이들의 수학머리는 타고났을까요, 아니면 키워진 것일까요? 제가 수학머리를 판단하는 기준은 크게 세 가지입니다.

첫째, 개념 이해력입니다

아이들이 새로운 개념을 처음 접했을 때, 그 개념을 이해하는 능력을 보면 그 아이의 수학머리를 알 수 있습니다. 예를 들어, 고등수학 '정적분' 단원에서 아이들에게는 생소한 내용을 제가 설명해 줍니다. 물론 교과서 이외의 내용으로 선행을 했든, 심화를 했든 아이들은 그 내용을 전혀 접해 본 적이 없습니다. 그 후 아이들이 이해한 내용을 저에게 다시 설명해 달라고 부탁합니다. 그때, 자신만의 언어로 핵심을 정확하게 잘 설명하는 아이들이 있습니다. 그 아이들이 바로 수학적 개념 이해가 빠른 아이들입니다. 이 아이들은 어떻게 이런 능력을 가지게 된 것일까요? 저는 오랜 관찰과 대화를 통해 하나의 공통점을 찾을 수 있었습니다. 바로 정적분을 현실에서 경험해 본 적이 있었다는 점입니다. 즉, 무를 엄청 가늘게 잘라 쌈무를 만들고 다시 쌓아 보는 경험, 3D 프린터가 출력되는 원리가 궁금해서 그 과정을 공부해 본 경험, 수많은 선들로 직사각형을 가득 채웠던 경험 속에서 정적분의 개념을 미리 체화한 아이들이었습니다.

피아제의 인지발달이론 중에 '동화'라는 과정이 있습니다. 자신의 경험으로 형성된 개념에 맞게 새로운 자극을 이해할 수 있는 능력입니다. 동화가 잘 이루어지기 위해서는 기존의 경험이 많아야 합니다. 마찬가지로 어떤 수학적 개념을 잘 이해하려면 과거에 그 개념과 관련된 유의미한 수학적 경험이 많이 쌓여 있어야 합니다. 그래서 초등 시절에는 기계적인 연습이나 빠른 진도가 아니라, 수학적 개념을 체화하기 위한 많은 실생활 경험이 필요합니다. 그 경험 속에서 수학을 볼 수 있도록 제대로 된 방법으로 안내해 주는 것이 바로 초등 시절에 수학머리를 키우는 방법입니다. 그 구체적인 방법을 2장 실생활 수학에서 소개해 드리겠습니다.

둘째, 논리력입니다.

이치에 맞는 추론을 하고, 그것을 말이나 글로 잘 표현하는 능력을 보면 그 아이의 수학머리를 알 수 있습니다. 논리력은 제가 질문을 하고, 아이가 대답하는 과정을 통해 확인할 수 있습니다.

> "곱셈을 세로셈으로 할 때는 일의 자리부터 계산을 하는데, 나눗셈은 왜 큰 자릿수부터 계산을 시작하지?"
> "$x + 2 = 3$이면, 왜 $x = 1$이 될까?"
> "오각형 모든 내각의 합은 왜 540도가 될까?"

이 질문을 아이들에게 하신 후, 아이의 대답에 고개가 끄덕여진다면 논리력이 뛰어난 아이들과 함께 살고 계신 것입니다. 논리력은 고등수학을 공부할 때 가장 필요한 힘입니다. 이 힘을 키우기 위해 우리는 초등 시절에 무엇을 해야 할까요?

반드시 수학의 모든 과정에서 "왜?"라는 질문을 아이에게 습관적으로 하시기를 추천합니다. '왜 1+1 =2일까?'부터 '왜 수학을 공부할까?'까지 다양한 질문들을 아이에게 던져 주고 그에 대한 생각을 함께 나누는 과정에서 아이의 논리력은 탄탄해질 것입니다. 거기에 더해 아이가 스스로 질문하는 습관을 가질 수 있다면 고등학교에서 가장 빛나는 수학머리를 가지게 될 것입니다.

또, 적어도 초등 5학년부터는 수학 개념이나 문제를 노트에 정리하며 공부하는 습관을 길러 주시면 좋습니다. 한 단계 한 단계 스스로 풀어 나가는 과정을 눈으로 볼 수 있어야 논리적인 사고의 흐름을 익힐 수 있습니다. 수학 문제집을 풀면서 논리력을 키우기 위한 노트 정리법은 3장 성취감 수학에서 알려 드리겠습니다.

셋째, 공간지각력입니다.

고3 이과반 기하 수업을 할 때면 감탄이 절로 나오는 아이들을 만납니다. 수능 킬러 문항 대비 모의고사 문제를 풀다 보면 인간의 뇌로 쉽게 그려지지 않는 입체를 상상해야 하는 경우가 있습니다. 대부분의 아이들이 머리를 쥐어짜며 고통스러워하는 중에 그림을 그려서 아주 쉽게 설명을 해 주는 아이들이 있습니다. 그 아이들이 바로 공간지각력이 뛰어난 아이들입니다. 눈에 보이지 않는 것을 추상적으로 추론해 이를 머릿속에서 형상화한 뒤 이미지로 표현해 낼 수 있는 빛나는 수학머리의 주인공들입니다. 이는 가드너의 다중지능이론에서 공간지능에 해당합니다. 가드너는 모든 사람들에게 적절한 여건이 주어진다면, 비교적 높은 수준의 공간지능을 성취할 수 있다고 보았습니다. 그렇다면, 이 아이들에게 주어졌던 적절한 여건은 무엇이었을까요? 그 아이들은 공통적으로 그리기와 만들기를 좋아했습니다. 특히 어렸을 때, 레고에 심취했던 아이들이 많았습니다. 제 기억에 남아 있는 한 아이는 레고를 설명서대로 만들지 않고 기존의 레고와 섞어서 자신이 스케치한 모습으로 만들곤 했습니다. 어떤 아이는 지오지브라 프로그램을 게임처럼 가지고 놀았습니다. 한국수학교육학회 논문에 따르면 구체적 조작물을 이용한 도형 프로그램이 아동의 기하 점수를 현저하게 높였다고 밝혔습니다. 저 역시 초등 시절에 구체적 조작물과 수학 교구, 기하 소프트웨어를 가지고 놀아본 아이들이 공간지각력이 뛰어나다는 것을 아이들과 이야기를 나누며 느낄 수 있었습니다.

하지만 수능 수학 시험을 잘 보기 위해서 천재적인 수학머리가 필요한 것은 아닙니다. 실생활에서 수학을 체험하고 만들며, 왜 그런지 생각해 보는 과정을 통해서 충분히 수능 1등급을 위한 수학머리는 키울 수 있습니다. 그 방법을 몰라서 잘못된 방향으로 열심히 달려가는 초등 부모님들이 계십니다. 그분들에게 다음 장을 펼치는 순간이 아이 수학 공부의 터닝포인트가 되기를 바라는 마음으로 글을 이어 갑니다.

초등 수학의 선행 핵심 2
실생활 수학

우리 아이가 수능 수학 1등급을 받기 위해서는 반드시 수학에 친근함을 느껴야 합니다. 한번도 본 적이 없기에 두려운 대상이 아니라, 늘 곁에서 함께해 왔기에 익숙한 대상이 되어야 합니다. 이 익숙함을 만들어 주는 과정을 저는 '수학 선행'이라고 부릅니다. 학교 수업 시간에 수학적 개념을 가지고 놀 수 있는 시간이 부족하기 때문에 부모님께서 미리 일상에서 아이들에게 수학적 경험을 노출시켜 주시는 것, 이것이 바로 일상에서 수학 선행을 하는 것입니다.

그럼 일상에서 '수학 선행'을 어떻게 해야 할까요? 궁금하시죠? 그래서 제가 딸과 함께하는 수학 선행 활동들을 2장 실생활 수학에 실었습니다. 예습 전 혹은 예습할 때 아이와 20분에서 30분 정도 함께 진행하시면 됩니다. 물론 일상생활 중에 2장에 나온 실생활 수학과 연결할 수 있는 상황이 오면 시간을 내서 함께해 주시면 더욱 좋습니다. 그러나 되도록 학교 수업이 진행되기 전까지는 꼭 한 번씩 해 보기를 추천합니다.

초등 – 중학 수학 교육과정 중에서 아이들이 어려워하지만, 반드시 알아야 하는 중요한 수학 개념들을 파악할 수 있는 활동들을 모두 넣었습니다. 그러다 보니 각 개념당 하나씩의 활동들로 국한해서 적게 되었습니다. 이 활동들을 참고하셔서 부모님께서 더 다양한 실생활 수학을 아이들이 자주 만날 수 있게 해 주셨으면 하는 바람입니다. 이게 필요한 이유는, 방학 때 개념을 접할 수 있는 예습 시간이 짧을 뿐더러 문자화된 수학을 공부하기 전에 초등학생들에게는 살아 있는 직접적인 경험이 필요하기 때문입니다. 물론 이 책에 나온 실생활 수학 활동들을 모두 해 보시는 것만으로도 충분히 훌륭하십니다. 아이들은 깊이 있는 개념 이해를 통해 체화된 지식으로서의 수학을 경험하며 수학이 단지 시험만을 위한 과목이 아님을 배우게 됩니다. 부모님들께서는 아이들이 예습을 할 때 수학 개념을 훨씬 더 쉽게 받아들인다는 것을 느끼실 수 있을 것입니다.

본문을 보면 '활동 내용'과 '개념 이해 활동 대화'가 있습니다. '활동 내용'은 읽고 아이와 함께해 보시면 됩니다. '개념 이해 활동 대화'는 부모님이 아이에게 이런 식으로 개념을 이해할 수 있게 유도해 볼 수 있다고 예를 든 것입니다. 말 그대로 하나의 예일 뿐 아이가 여기 나온 대로 똑같이 얘기하지는 않을 겁니다. 그렇다고 절대 실망하지 마시고, 부모님이 내용을 먼저 읽어서 확실히 이해하신 다음 아이들과 활동을 진행해 주시면 됩니다.

초등 수학 개념
실생활 선행

분수 (3학년 1학기 6단원 분수와 소수)

- **활동 목표** 분수의 의미를 말할 수 있다. (교과서 p. 114-117)
- **주요 개념** 분수, 분모, 분자
- **추천 시기** 2학년 겨울방학 나눗셈 예습 후
- **소요 시간** 30분-40분
- **준비물** 귤 4개, 연습장, 연필, 자, 흰 바둑돌 3개, 검은 바둑돌 9개

활동 내용

귤 4개를 준비한 후, 아이에게 아이와 아이 친구, 담임 선생님 이렇게 세 명이 똑같이 나눠 먹는 방법을 알려 달라고 부탁하세요. 그러면 아이는 자기 하나, 친구 하나, 선생님 하나를 가지게 할 것

입니다. 그리고 남은 귤 하나를 똑같이 3등분할 것입니다. 아이가 가진 귤 하나의 양을 수 1로 표시합니다. 친구와 선생님이 가진 귤 2개의 양을 2라고 쓰기로 약속합니다. 그럼 귤 하나를 똑같이 3등분한 것 중에서 하나는 어떻게 나타내면 좋을까요? 이 양은 지금까지 우리가 알았던 1, 2, 3 같은 수로는 표현이 안 되지만, 이 세상에 존재하는 양이에요. 그럼 이 양을 표현하는 새로운 수를 어떻게 만들면 좋을까요? 이 수를 만들기 위해 수학사에서는 엄청난 시간이 흘러갑니다. 그만큼 우리 아이들에게도 충분한 시간을 주시기 바랍니다. 어떻게 만들 것인지 아이와 함께 고민해 주세요. 참고로 고대

〈고대 이집트에서 분수 표현 방법〉

$\frac{1}{3}$	$\frac{1}{4}$	$\frac{1}{5}$	$\frac{1}{6}$	$\frac{1}{7}$
$\frac{1}{8}$	$\frac{1}{9}$	$\frac{1}{10}$	$\frac{1}{2}$	$\frac{2}{3}$

이집트에서는 옆 페이지 표와 같이 분수를 표현했다고 합니다.

1을 3으로 똑같이 나눈 수이기 때문에 1과 3, 그리고 나누기 기호 ÷ 가 들어가면 좋을 것 같다고 아이에게 말해 주세요. 그래서 분수는 나눗셈 단원 뒤에 위치합니다. 수학자들은 나누기 기호 ÷의 위 아래 점 대신에 1과 3 숫자를 넣어 $\frac{1}{3}$ (3분의 1이라고 여러 번 읽어 주세요.)이라는 새로운 수로 쓰기로 약속했어요. 그리고 나누기를 하다가 만들어진 수라서 한자로 나눌 分(분) 셈 數(수)를 사용해 '분수'라고 정의했어요. 이때 가로선 위에 있는 숫자 1을 분자로, 아래에 있는 숫자 3을 분모라고 부릅니다. 정의(definition)는 수학을 공부하는 사람들의 약속이기 때문에 아이가 기억할 수 있도록 도와주세요. 그 후 다음과 같은 단계로 아이가 분수 개념에 익숙해지도록 진행해 주세요.

길이 모델

1. 아이가 자를 대고 연습장에 1cm를 그리게 합니다.
2. 1cm를 어림으로 똑같이 3개로 나누게 합니다. 그 각각의 길이가 1을 3으로 똑같이 나눈 수이기 때문에 $\frac{1}{3}$ cm라는 것을 아이가 인지할 수 있도록 설명해 줍니다.
3. $\frac{1}{3}$ 이라는 수는 1이라는 전체의 길이를 3개로 나눴을 때, 한 부분이라는 것을 알려 줍니다.

영역 모델

1. 연습장에 직사각형을 하나 그리게 합니다. 직사각형 전체를 똑같이 3개로 나눈 후 한 칸을 칠하게 합니다. 색칠한 부분은 $\frac{1}{3}$이 된다는 것을 알려 주면서 분수는 전체에 대한 부분을 나타내는 수임을 인지할 수 있도록 도와주세요.

(아이의 집중력이 떨어지는 것 같으면 여기까지만 진행해 주세요.)

집합 모델

1. 흰 바둑돌 3개, 검은 바둑돌 9개를 준비해서 전체 바둑돌을 색깔 구분 없이 3묶음으로 똑같이 나눠 달라고 하세요.

2. 전체 3묶음 중에서 1묶음은 $\frac{1}{3}$임을 주지시킨 뒤 1묶음 안에 4개의 바둑돌이 있음을 확인하게 합니다.

3. 아이에게 12의 $\frac{1}{3}$은 4개, 12의 $\frac{2}{3}$는 8개, 12의 $\frac{3}{3}$은 12개 전체라는 것을 보여 줍니다.

비율을 의미하는 분수

1. 흰 바둑돌 3개와 검은 바둑돌 9개를 비교하면서 검은 바둑돌은 흰 바둑돌의 3배가 됨을 확인하게 합니다.

2. 흰 바둑돌은 검은 바둑돌을 3묶음으로 나눴을 때, 1묶음의 수와 같으므로 검은 바둑돌의 $\frac{1}{3}$이 된다는 것을 알려 줍니다.

3. 검은 바둑돌에 대한 흰 바둑돌의 양은 $\frac{1}{3}$임을 정리해 줍니다.

   (사과 2개, 귤 4개가 있으면 귤은 사과를 기준으로 2배이고, 사과는 귤을 기준으로 $\frac{1}{2}$배, 즉 절반이라는 것도 말씀해 주시면 좋아요.)

활동 정리

아이와 주변에서 분수를 3개 찾아 보세요.

예1) 태극기 속 태극 문양 전체의 파란 모양: $\frac{1}{2}$

예2) 공깃돌 다섯 개 중의 세 개: $\frac{3}{5}$

예3) 0과 1 사이의 자 눈금 일곱 칸의 길이: $\frac{7}{10}$

Tip 왜 분모, 분자라고 이름 지었는지 아이와 함께 생각해 보세요.

이 그림에서 분수는 전체에 대한 부분을 나타내는 수라는 것을 아이들이 알았을 것입니다. 전체 3개 중에서 부분 1개를 나타내는 수인 $\frac{1}{3}$을 보면 분모는 전체를, 분자는 부분을 나타내고 있어요. 즉, 분모(分母)는 자신을 똑같이 나누어서 분자(分子)를 탄생시키는 어머니 같은 존재지요.

$$분수 = \frac{부분}{전체} = \frac{자식}{어머니} = \frac{분자(子)}{분모(母)}$$

분자 자리에 있는 아이들을 위해 분모 자리에서 늘 어머니가 든든하게 떠받치고 있음을 아이들이 기억할 수 있게 해 주세요.

소수 (3학년 1학기 6단원 분수와 소수)

- **활동 목표** 소수의 뜻을 알고, 분수로 나타낼 수 있다. (교과서 p. 122-127)
- **주요 개념** 소수점, 소수
- **추천 시기** 2학년 겨울방학 분수 예습 후
- **소요 시간** 15분-20분
- **준비물** 전자 체중계, 자

개념 이해 활동 대화

하늘 엄마, 저 몸무게 쟀는데 342예요. 잠깐만 와 주세요.

엄마 체중계가 고장 났어? 한번 보자.

(체중계를 살펴본 후) 아, 여기 4와 2 사이에 작은 점 보여? 이것은 34.2야. 엄마도 재 볼까? (체중계 위에 올라가서) 엄마는 53.7이네.

하늘 53과 7 사이의 저 점이 뭐예요?

엄마 소수점이라고 하는 건데, 소수점이 있는 수를 소수라고 불러. 오십삼 점 칠처럼 '점'을 붙이고.

하늘 오십삼은 알겠는데 점 칠은 뭐예요?

엄마 옛날에는 몸무게를 53, 54처럼 자연수로만 쟀어. 그런데 다이어트를 열심히 하는 사람에게 불만이 생긴 거야. 53과 54 사이의 체중 변화를 더 자세하게 알고 싶어서 53과 54 사이를 똑같이 10등분 해서 더 정확하게 재기 시작한 거지.

하늘 똑같이 10등분 했으면 $\frac{1}{10}$ 아니에요?

엄마 맞아. 분수 잘 기억하고 있었네. $\frac{1}{10}$ 과 똑같은 양인데 모양만 바꿔서 0.1(영 점 일)이라고 쓰기로 약속한 거야. 네가 수영장에서는 수영복을 입고 스키장에서는 스키복을 입는 것처럼 전체를 똑같이 10등분 한 것을 어떤 때는 $\frac{1}{10}$ 이라고 쓰고, 어떤 때는 0.1로 쓸 때도 있어. $\frac{2}{10}$ 는 0.2로, $\frac{7}{10}$ 은 0.7로 쓴단다. 53보다 0.7만큼 더 크면 53.7이라고 나타내는 거야.

하늘 그럼 언제 분수를 쓰고, 언제 소수를 써요?

엄마 분수가 만들어지고 3000년이 지난 후에야 소수가 나타났어. 십진법을 쓰던 사람들은 분모가 10인 분수가 계산이 편해서 $\frac{1}{10}$, $\frac{1}{100}$ 등과 같은 분수의 또 다른 표현 방법을 찾았던 거야. 4학년 때 배우겠지만, 덧셈과 뺄셈은 소수가 더 편리하고, 곱셈이나 나눗셈은 분수가 더 편할 때가 많아. 또 체중이나 키를 잴 때처럼 우리 생활에서 측정하는 많은 것들은 소수가 더 간편하단다. 여기 자를 한 번 볼래? 3과 4 사이를 똑같이 10등분 한 거 보이지? 3에서 출발해서 $\frac{4}{10}$ 만큼 더 가면 소수인 0.4를 이용해서 주로 3.4라고 쓴단다. 육상 선수 우사인 볼트의 100m 기록을 9.8초라고 쓰는 것이 9와 $\frac{8}{10}$ 초라고 쓰는 것보다 훨씬 더 낫지?

하늘 그렇네요. 그럼 $\frac{1}{100}$ 은 0.01(영 점 영 일)로 쓰나요?

엄마 그렇지. 그럼 0.1과 0.01 중에 누가 더 클까?

하늘 당연히 100등분한 것보다 10등분만 한 것이 길이가 더 길어서 0.1이 더 크죠.

엄마 훌륭하네. 자연수에서 십의 자리, 일의 자리가 있는 것처럼 소수에도 소수 한 자리 수, 소수 두 자리 수 같은 자릿값이 있어서 크기 비교를 쉽게 할 수 있단다. 그럼 10이 7개, 1이 3개, $\frac{1}{10}$이 2개 있는 것은 어떻게 쓸 수 있을까?

하늘 73.2로 쓸 수 있겠네요. 이제 소수가 뭔지 조금 알 것 같아요. 앞으로는 체중계를 읽을 때 꼭 소수점을 잘 봐야겠어요.

활동 내용

1. 체중계에 올라가서 몸무게를 재며 소수점을 보여 줍니다.

2. 어떻게 읽는지 물어보고 소수점 읽는 방법을 알려 줍니다.

3. $\frac{1}{10}$의 다른 표현이 0.1(영 점 일)임을 알려 줍니다.

4. 길이나 무게, 각종 경기의 기록을 측정할 때 소수가 쓰인다는 것을 설명해 줍니다.

5. 소수도 자연수처럼 자릿값이 있음을 알려 줍니다.

활동 정리

다음 분수는 소수로, 소수는 분수로 바꿔 보세요.

1) $\dfrac{6}{10}$ 2) 0.4   3) $\dfrac{8}{10}$ 4) 0.9   5) 0.03

답: 1) 0.6 2) $\dfrac{4}{10}$ 3) 0.8

4) $\dfrac{9}{10}$ 5) $\dfrac{3}{100}$

Tip **소수라는 이름은 무슨 뜻일까요?**

소수는 한자로 작을 小(소) 셈 數(수)로 '작은 수'의 의미입니다. 자연수에서 가장 작은 자리였던 일의 자리보다 더 작은 자릿값을 갖는 수라는 뜻이지요. 영어로는 decimal fraction입니다. Decimal은 '십진법의'라는 의미이고, fraction은 '분수'의 뜻입니다. 즉, 소수는 십진법을 사용하는 분수로, 분모가 10씩 커지는 분수에서 탄생되었다는 것을 알 수 있어요. 중학교에서는 2, 3, 5, …처럼 약수가 1과 자신밖에 없는 소수(素數, prime number)가 더 중요한데, 동음이의어를 구별할 수 있도록 도와주세요.

도형 이동 (4학년 1학기 4단원 평면도형의 이동)

- **활동 목표** 도형의 밀기, 뒤집기, 돌리기를 이용해서 테셀레이션을 그릴 수 있다. (교과서 p. 84–99)
- **주요 개념** 밀기, 뒤집기, 돌리기, 테셀레이션
- **추천 시기** 3학년 겨울방학
- **소요 시간** 25분–30분
- **준비물** 색종이 1장, 가위, 테이프, 스케치북, 색연필

활동 내용

아이에게 어렸을 때 쓰던 스케치북 표지가 이제는 유치하게 느껴지는지 물어봐 주세요. 유치하다고 말한다면 성공입니다. 안 유치하다고 해도 더 세련되고 멋진 디자인으로 바꿔 보자고 제안합니다.

1. 색종이를 십자 모양으로 접게 해 주세요.

2. 접힌 선을 따라 색종이를 네 조각으로 자르게 해 주세요.

3. 네 조각 모두 그림처럼 대각선으로 접게 해 주세요.

4. 접힌 선을 따라 삼각형 하나를 자른 후, 테이프로 사각형 한 변에 그림처럼 붙일 수 있도록 도와주세요. 나머지 세 조각의 사각형도 동일한 방법으로 만들 수 있도록 도와주세요.

5. 하나의 조각을 이리저리 밀면서 만들어지는 여러 모습을 생각해 보고 나머지 세 조각을 합쳐서 다음 모양을 만들 수 있도록 유도해 주세요. 이 모양은 평면도형의 밀기에 의해서 만들어지는 도형임을 알려 주세요.

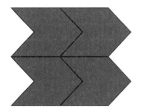

6. 하나의 조각을 이리저리 뒤집어서 만들어지는 여러 모습을 생각해 보고 나머지 세 조각을 합쳐서 다음 모양을 만들 수 있도록 유도해 주세요. 이 모양은 평면도형의 뒤집기에 의해서 만들어지는 도형임을 알려 주세요.

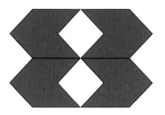

7. 하나의 조각을 이리저리 돌려서 만들어지는 여러 모습을 생각해 보고 나머지 세 조각을 합쳐서 다음 모양을 만들 수 있도록 유도해 주세요. 이 모양은 평면도형의 돌리기에 의해서 만들어지는 도형임을 알려 주세요.

8. 밀기, 뒤집기, 돌리기한 모양 중에서 스케치북 표지로 하고 싶은 것을 고르게 한 후 모양을 고정시키기 위해 네 조각을 모두 테이프로 붙일 수 있도록 해 주세요.

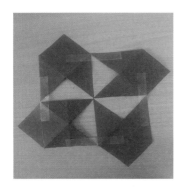

9. 스케치북에 고정된 조각을 대고 겹치지 않게 여러 개 그리고 색칠하도록 해 주세요. 벽지나 타일처럼 이렇게 어떤 틈이나 포개짐 없이 평면이나 공간을 도형으로 완벽하게 모두 덮는 것을 테셀레이션(tessellation)이라고 합니다.

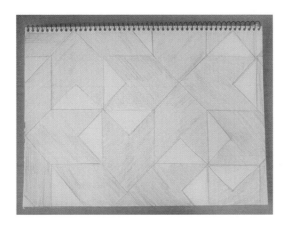

10. 멋진 테셀레이션 작품으로 스케치북 표지를 만들 수 있게 해 주세요. '수학자 디자이너 ○○'라고 이름을 적는 것도 잊지 않도록 챙겨 주세요.

활동 정리

다음 모양 조각을 오른쪽으로 밀기, 아래쪽으로 뒤집기, 시계방향으로 90도 돌렸을 때의 도형을 아이가 그릴 수 있도록 제시해 주세요.

답:

— https://www.nctm.org/Classroom-Resources/Illuminations/
Interactives/Patch-Tool/

패치툴 프로그램은 패턴 블록(정삼각형, 정사각형, 평행사변형, 마름모, 사다리꼴, 정육각형 모양 블록)을 끌어다 붙여서 아이들이 모양을 만든 후 뒤집기와 돌리기를 할 수 있는 기하 프로그램입니다. 따로 배우지 않아도 조작이 쉽고 여러 가지 모양을 만들 수 있어서 아이들이 재미있게 평면도형의 이동을 학습할 수 있습니다.

— Mathigon – Textbook of the Future

게임처럼 즐기면서 도형 감각을 쌓을 수 있는 매씨곤 사이트는 전 세계 수학인들이 즐겨 찾는 곳입니다. 기하뿐만 아니라 소수나 수열 같은 대수 영역도 시각적으로 보여주기 때문에 수학 개념을 직관적으로 이해할 수 있습니다. 특히 Factris는 테트리스 게임의 변형으로 도형의 밀기뿐만 아니라 약수의 개념과 더불어 테셀레이션까지 익힐 수 있어서 추천합니다.

— Tess people in Math Cats' Tessellation Town!

여러 가지 모양의 도형을 끌어다 자신만의 테셀레이션을 만들 수 있는 사이트로 다양한 모양과 아름다운 테셀레이션 작품을 만들 수 있어서 아이들에게 인기가 많습니다. 밀기와 뒤집기라는 도형의 이동을 통해 테셀레이션의 특성을 배우고 미적 감각을 키울 수 있습니다.

평균 (5학년 2학기 6단원 평균과 가능성)

- **활동 목표** 평균을 구하고 의미를 말할 수 있다. (교과서 p. 124–129)
- **주요 개념** 평균
- **추천 시기** 5학년 여름방학
- **소요 시간** 15분–20분
- **준비물** 줄자, 연습장, 연필

개념 이해 활동 대화

엄마 하늘아, 엄마가 일주일 동안 열심히 뱃살 운동해서 허리둘레를 쟀는데 한번 봐 줄래?

요일	월	화	수	목	금	토	일	대푯값
허리둘레	80	77	75	78	76	72	74	72

하늘 목요일은 많이 먹고 운동 안 하셨군요. 그런데 왜 대푯값이 72 예요?

엄마 그야 가장 작은 값이니까 그렇지.

하늘 가장 작은 값을 대푯값으로 하면 안 되죠. 엄마 뱃살을 대표하려면 일주일 동안 가장 자주 나오는 값으로 해야죠.

엄마 모두 한 번씩만 나왔는데 어떻게 해.

하늘 그럼 저 일곱 개의 숫자들을 적당하게 깎고 채워서 고르게 만들었을 때의 숫자를 찾아야 할 것 같아요. 그건 어떻게 찾을 수 있을까요?

엄마 허리둘레들을 바둑돌이라고 생각하고 주머니에 모두 넣은 다음 일곱 명에게 고르게 나누어 준다고 생각하면 어때?

하늘 그럼 숫자를 다 더해 7로 나눠 주면 되니까, 잠깐만요. $(80 + 77 + 75 + 78 + 76 + 72 + 74) \div 7 = 76$. 엄마 허리둘레 대푯값은 76이네요.

엄마 평균이 높아서 슬플 때도 있네. 엄마가 학교 다닐 때는 전 과목 성적 평균이 높을 때가 제일 좋았는데….

하늘 76이 평균이에요?

엄마 네가 계산했던 것처럼 기록들을 모두 더해서 자료의 수로 나눠 주는 대푯값을 평균이라고 해. 평균(平均)은 평평하고 균형 있게 여러 수들을 대표해 주는 값이지. 하늘이 반에 반장이 있는 것처럼 평균을 계산해서 수들의 대표를 뽑아 놓으면 그 자료의 특징을 쉽게 파악할 수 있고, 또 다른 자료들과 비교하기도 쉽단다.

하늘 전 과목 성적 평균은 전 과목 점수를 모두 더해서 과목 수로 나눠 주면 구할 수 있겠네요.

엄마 맞아. 한 과목이라도 낮은 점수가 있으면 평균이 마구 떨어지지.

하늘 신문에서 평균이라는 말을 아주 많이 본 것 같아요.

엄마 네가 수학 시간에 배웠던 표와 그래프 외의 방법으로 자료들을 요약할 때 가장 자주 쓰이는 것이 평균이기 때문이야. 평균 기온, 평균 집값, 평균 몸무게 등 일상에서 아주 흔하게 쓰는 말이란다.

하늘 저도 앞으로는 초등학생 평균 게임 시간에 잘 맞추어 게임을 더 해 줘야겠어요.

엄마 그런데 이 평균에도 함정이 있단다. 키가 170cm인 사람이 호수의 평균 깊이가 130cm인 것을 보고 호수를 건너다가 죽고 말았대. 왜 그런 일이 생겼을까?

하늘 악어에게 잡아 먹혔나요?

엄마 아니. 호수의 평균 깊이가 130cm라는 말 속에는 가장 깊은 곳에 대한 정보가 없었기 때문이야. 가장 깊은 곳이 170cm보다 더 깊어서 빠져 죽었던 거야.

하늘 와, 무서운 평균이네요.

엄마 그러니까 평균의 약점을 알아야 진짜 수학을 잘하게 되는 거란다. 초등학생 평균 게임 시간을 꼭 채우려고 하지 않아도 된다는 말씀이지.

활동 내용

1. 수치 5개 정도의 자료를 이용해서 아이가 표를 만들게 합니다.

2. 자료를 대표하는 대푯값을 고를 수 있도록 제안합니다.

3. 다양한 대푯값 중에서 평균이 자주 사용된다는 것과 평균의 의

미를 설명해 줍니다. (자료의 값을 고르게 대표하는 값)

4. 평균을 구하는 방법을 함께 이야기 나눕니다. (자료의 값을 모두 더해 자료의 수로 나눔)

5. 일상 생활에서 평균이 사용되는 경우를 함께 찾아 봅니다.

6. 평균을 해석하는 데 오류가 생길 수 있음을 인지할 수 있도록 예를 들어줍니다.

활동 정리

다음 각 경우에 평균을 구할 수 있도록 도와주세요.

1) 일곱 살 아인이가 넘은 줄넘기 개수의 평균

요일	월	화	수	목	금
줄넘기 개수	2	0	5	7	6

2) 민규가 받은 시험 성적의 평균

과목	국어	영어	수학	사회
시험 점수	90	79	88	83

3) 스테이크를 만드는 데 쓰이는 고기 무게의 평균

스테이크 종류	A	B	C	D	E	F
무게(g)	323	314	335	299	321	328

답: 1) 4   2) 85   3) 320

Tip **평균 외에도 여러 가지가 있는 대푯값**

대푯값에는 평균 외에도 최빈값, 중앙값 등 여러 가지가 있어요. 일련의 수 중에서 중심 또는 가운데를 기술하기 위해 사용되는 대표적인 수를 그 수들의 대푯값이라고 불러요. 보통 평균이 대푯값으로 자주 쓰이지만 계산을 해야 하는 번거로움이 있지요. 최빈값은 자료 중에서 가장 빈번하게 나타나는 수를 말해요. 학급 학생들의 나이를 조사하는 경우는 최빈값이 대푯값으로 적당해요. 중앙값은 모든 자료들을 크기 순서대로 나열했을 때 중앙에 오는 값입니다. 예를 들어 1, 1, 2, 4, 5, 7, 9에서 중앙값은 4가 되지요. 학급 학생들의 용돈을 조사하는 경우에 아주 많이 받거나 적게 받는 학생들이 있을 수 있으므로 평균보다는 중앙값이 대푯값으로 더 합리적입니다. 이렇게 상황에 따라서 최빈값이나 중앙값이 평균 대신에 대푯값의 역할을 할 수도 있다는 것도 아이가 알 수 있게 알려 주세요.

비와 비율 (6학년 1학기 4단원 비와 비율)

- **활동 목표** 비와 비율의 의미를 말할 수 있다. (교과서 p. 76-79)
- **주요 개념** 비, 비율
- **추천 시기** 5학년 겨울방학
- **소요 시간** 25분-30분
- **준비물** 매실액, 연습장, 연필, 자

개념 이해 활동 대화

하늘 읍, 엄마! 이거 매실액이 너무 진해요.

엄마 이리 줘 봐. 물을 좀 더 넣어 줄게.

하늘 컥, 이제는 밍밍해요. 매실액 좀 더 넣어 주세요.

엄마 음, 맛의 조화를 맞추려면 둘 사이의 정확한 관계를 알아야겠어. (잠시 후) 드디어 엄마가 최고의 맛을 낼 방법을 찾았어.

이용 방법 – 매실액과 물을 1:3으로 희석해 드시면 됩니다.

하늘 작은 컵으로 매실액 1컵과 물 3컵을 넣으라는 말인 거죠? 물을 2컵 더 넣는다고 생각하면 되겠어요.

엄마 엄마도 마시고 싶어서 매실액을 2컵 넣으면 물은 몇 컵을 넣어야 할까?

하늘 음, 매실액 1컵에 물이 3컵 필요하니까 매실액이 2컵이면 물은 3컵 더하기 3컵 해서 총 6컵이 필요하겠어요. 그러면 물을 4컵 더 넣게 되네요. 매실액과 물의 차이가 계속 바뀌어요.

엄마 아빠도 드리게 매실액을 3컵 넣으면 물은 몇 컵일까?

하늘 9컵이겠죠. 물이 매실액의 3배니까요.

엄마 맞아. 저기 쓰여 있는 기호는 1 대 3으로 읽고 1과 3의 '비(比)'라고 불러. '비'는 변하는 두 양이 있을 때, 한 양을 기준으로 다른 양이 몇 배가 되는지를 나타내 주는 기호야. 두 양을 비교할 때 하늘이가 말한 것처럼 뺄셈을 하면 차이가 계속 변하지만, 나눗셈을 하면 늘 몇 배라는 관계가 보존되지? 이런 경우를 나타내 주기 위해서 '비'라는 개념을 만든 거란다. 1:3이라는 비 속에는 다음과 같은 표가 숨어 있어.

매실액 양	1컵	2컵	3컵	⋯
물의 양	3컵	6컵	9컵	⋯

하늘 저 표를 하나하나 그리는 것보다 간단하게 기호를 사용하는 것이 훨씬 낫겠어요.

엄마 하늘이가 드디어 기호의 힘을 느끼는구나. 그런데 1:3이라는 기호를 사용하는 사람들에게 문제가 하나 생겼어.

하늘 뭔데요?

엄마 하늘이는 1:3을 보고 물이 매실액의 3배라고 하고, 엄마는 매실액이 물의 $\frac{1}{3}$배라고 말하는 혼란이 생긴 거야. 그래서 비를 보고 누구나 동일하게 몇 배인지 말할 수 있는 기준이 필요했어. 하늘이가 학교에서 체육 시간에 '기준'이라고 외칠 때 무슨 손을 들어?

하늘 오른손이요.

엄마 수학에서도 1:3이라고 쓸 때, 오른쪽에 있는 3을 기준량으로, 왼쪽에 있는 1을 비교하는 양으로 쓰기로 약속한 거야. 매실액과 물이 1:3이면, 물을 기준으로 매실액은 물의 몇 배가 될까?

하늘 $\frac{1}{3}$배요.

엄마 그렇지. 그때 그 $\frac{1}{3}$을 비율이라고 부른단다.

비율 = (비교하는 양) ÷ (기준량) = $\frac{(비교하는 양)}{(기준량)}$ 으로 기준량에 대한 비교하는 양의 크기가 몇 배인지 알려 주는데, 간단하게 계산하는 방법이 있어. 1:3에서 : 기호가 ÷ 기호와 비슷하지? 1:3의 비율은 : 대신에 ÷로 바꿔서 1 ÷ 3 = $\frac{1}{3}$로 쉽게 알 수 있단다. 2:6과 3:9 모두 $\frac{1}{3}$로 같은 비율을 갖는다는 것을 알 수 있어.

하늘 $\frac{2}{6}$와 $\frac{3}{9}$을 약분하면 모두 $\frac{1}{3}$이 되네요.

엄마 맞아. 비가 수끼리의 관계를 나타낸다면 비율은 그 관계를 수로 표현한 거야. 비율이 같은 비들은 약분이 되는 분수들처럼 모두 동일한 관계 속의 한 부분이란다. 여기 그림을 보겠니?

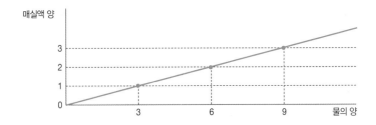

비율이 모두 $\frac{1}{3}$인 비들은 하나의 직선으로 그려진단다. 그 직선의 한 부분을 한 변으로 하는 직각삼각형들의 길이를 적당히 줄이거나 늘리면 서로 어떨 것 같아?

하늘 합동이 될 것 같아요.

엄마 역시. 하늘이의 멋진 예측은 중학교에 가면 증명하게 될 거야.

활동 내용

1. 매실액처럼 집 안에서 '비'가 사용된 예를 찾거나 요리 레시피책을 준비합니다.

2. 비 기호의 의미와 필요성에 대해 이야기 나눕니다. (활동 대화 속의 비의 의미를 참고하시거나 2부 교육과정에서 규칙성 영역의 비와 비율(페이지) 내용을 정독하시면 도움이 됩니다.)

3. 비율의 의미와 필요성을 설명해 줍니다.(활동 대화 속 비율의 의미를 참고하시거나 2부 교육과정에서 규칙성 영역의 비와 비율(94 페이지) 내용을 정독하시면 도움이 됩니다.)

4. 비율을 계산하는 방법을 아이가 발견할 수 있도록 비를 비율로 고치는 연습을 3회 할 수 있도록 도와주세요.

5. 비율이 같은 여러 다른 형태의 비들은 같은 관계 속에 있음을 알 수 있도록 이전 페이지 사진을 보여 줍니다.

6. 일상에서 비와 비율이 사용되는 경우를 함께 찾아 봅니다.

활동 정리

다음 문제를 아이와 함께 해결해 보세요.

문) 하늘이가 학교 앞 문방구에 지우개를 사러 갔더니 3개씩 묶어서 510원에 팔고 있었어요. 저녁 때 엄마와 대형마트에 갔더니 같은 지우개를 4개씩 묶어서 640원에 팔고 있었다면 어느 곳에서 지우개를 사는 것이 더 싸게 사는 것일까요?

문방구		
지우개 개수	1	3
가격	?	510

대형마트		
지우개 개수	1	4
가격	?	640

답: 대형마트

문방구와 대형마트의 가격을 비교하기 위해서 지우개 1개의 값을 구하면 문방구에서는 170원이 되고, 대형마트에서는 160원이 된다는 것을 알 수 있어요. 따라서 대형마트에서 사는 것이 더 싸게 사는 것이랍니다.

Tip 비와 비율은 생활에서 정말 많이 사용되는 개념이에요.

황금비라는 말 들어보셨죠? 인간이 생각하는 가장 아름다운 비는 1:1.618로 정오각형 속에서도, 피보나치 수열에서도 발견할 수 있어요. 우리 주변의 교과서, 신용카드, 국기는 물론이고 그리스의 파르테논 신전, 밀로의 비너스상까지 아름다움 속에는 황금비가 숨어 있다고 해요. 피아노의 음계에도 일정한 비율이 숨어 있고, 물감의 각 색들도 삼원색을 일정한 비율로 섞은 결과예요. 지도의 축척, 은행의 이자, 인구의 밀도, 자동차의 속력, 요리 레시피에도 비율은 함께하지요. 농도, 승률, 선거율, 체지방률 등 아이와 함께 생활 속에서 비율을 찾는 게임을 해 보세요. 아마 밤을 새워서 할지도 몰라요. 변화하는 상황 속에서도 보존되는 비를 통해 조화로운 세상을 만들고 미래를 예측하고자 밤을 새워서 연구했던 수학자들의 선물이랍니다.

원의 넓이 (6학년 2학기 5단원 원의 넓이)

- **활동 목표** 원의 둘레와 넓이를 구할 수 있다. (교과서 p. 92-101)
- **주요 개념** 원주, 원주율, 원의 넓이
- **추천 시기** 6학년 여름방학
- **소요 시간** 30분-40분
- **준비물** 연습장, 연필, 자, 컴퍼스, 줄자, 피자

활동 내용

1. 연습장 중간에 직선을 하나 그린 후, 원의 중심을 찍게 합니다.

2. 컴퍼스를 이용해서 같은 중심을 갖는 반지름이 각각 4cm, 6cm, 8cm인 원 세 개를 그리게 합니다.

3. 세 개의 원을 보면서 관찰한 것을 이야기하게 합니다.

    (반지름이 커질수록 원이 커진다, 지름이 길어질수록 원의 둘레도 길어진다 등)

4. 원의 둘레를 원주(圓周: 원을 둥글게 에워싸다)라고 하는 것을 알려주고 지름이 길어질수록 원주도 길어짐을 예상할 수 있도록 도와줍니다.

5. 지금까지는 직선으로 된 다각형의 둘레와 넓이를 구했다면 오늘은 곡선으로 된 원의 둘레와 넓이를 구해 보자고 제안합니다. 열심히 한 후에는 피자를 먹을 수 있다는 기대감을 선물합니다.

6. 직사각형의 넓이 구하는 공식을 기억하는지 물어봅니다.

(직사각형의 넓이 = 가로×세로)

7. 줄자를 이용해서 세 원의 원주를 잰 후, 원주를 지름으로 나눈 값을 계산하게 합니다.

지름	원주	원주 ÷ 지름
4cm	약 12.6cm	약 3.15
6cm	약 18.8cm	약 3.13
8cm	약 25.1cm	약 3.14

8. 원의 크기에 상관없이 (원주)÷(지름)의 값이 거의 일정하다는 것을 발견할 수 있도록 유도해 줍니다. 원의 지름에 대한 원주의 비율을 원주율이라고 하고 소수로 3.141592…와 같이 끝없이 계속되기 때문에 필요에 따라 3이나 3.1 또는 3.14 등으로 어림해서 사용한다는 것을 알려 줍니다.

9. (원주율) = (원주)÷(지름)이므로 (원주) = (지름)×(원주율)임을 정리하게 합니다. (식이 잘 이해가 되지 않는 아이들은 3 = 12÷4이면 12 = 4×3과 비교해서 알려 주세요.)

10. 피자를 주문한 후 아이에게 원의 둘레를 구했으니 이제 원의 넓이를 어떻게 구하면 좋을지 물어봅니다. 다양한 생각들을 격려해 주시고 오늘은 직사각형의 넓이를 이용해서 원의 넓이를 구하는 방법을 시도해 보자고 제안합니다.

11. 피자가 오면 줄자를 이용해서 원의 지름과 원주의 길이를 잴
    수 있도록 합니다. 예시) 원의 지름: 26cm, 원주: 82cm

12. 피자를 다음 그림처럼 최대한 여러 조각으로 나눈 후 서로 엇
    갈리게 겹칠 수 있도록 도와줍니다.

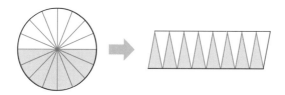

13. 엇갈리게 겹쳐 주면 직사각형 모양이 되기 때문에 직사각형 넓
    이 구하는 공식을 이용해서 원의 넓이를 구할 수 있음을 아이
    가 발견할 수 있도록 유도합니다.

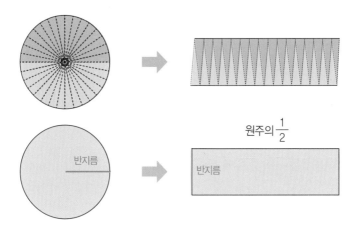

원주의 $\frac{1}{2}$

반지름

반지름

14. (원의 넓이) = (직사각형의 넓이) = (가로)×(세로)

   = (원주의 $\frac{1}{2}$)×(반지름)

   (11 예시에서 원의 지름: 26cm, 원주: 82cm이므로)

   = $82 \times \frac{1}{2} \times 13 = 41 \times 13 = 533$

   따라서, 피자 원의 넓이는 533cm²가 됨을 풀게 합니다.

15. 일반적인 원의 넓이 구하는 공식을 유도하게 합니다.

   (원의 넓이) = (직사각형의 넓이) = (가로)×(세로)

   = (원주의 $\frac{1}{2}$)×(반지름)

   (원주)는 (지름)×(원주율)이므로

   = (지름)×(원주율)×$\frac{1}{2}$×(반지름)

   (지름)×$\frac{1}{2}$은 반지름이므로

   = (반지름)×(반지름)×(원주율)

따라서, 원의 넓이 = (반지름)×(반지름)×(원주율)입니다. 이

때, 원주율은 문제에 따라 어림값이 주어짐을 알려 줍니다.

16. 맛있게 피자를 함께 먹습니다.

활동 정리

다음 문제를 아이와 함께 풀어 보세요. (원주율: 3)

　문 1) 반지름의 길이가 3cm인 원의 넓이

　문 2) 지름의 길이가 5cm인 원의 둘레

　문 3) 아래 그림에서 색칠한 부분의 넓이

답: 1) 27cm² 2) 15cm 3) 324cm²

　문 3) 풀이: 색칠한 부분의 넓이

　　　　= 큰 원의 넓이 – 작은 원의 넓이

　　　　= 12×12×3 – 6×6×3

　　　　= 432 – 108 = 324

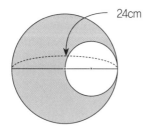

24cm

Tip **구분구적법**(區分求積法)**이란 무엇일까요?**

앞의 활동처럼 원을 많은 조각들로 나눈 후 다시 하나씩 붙여서 넓이를 구하는 방법을 구분구적법이라고 해요. 곡선이나 곡면의 넓이나 부피를 구할 때, 그 도형을 나눠서 구분(區分)하고, 다시 쌓아서(적(積)) 합한 후 구하는(구(求)) 방법(법(法))이지요. 이것을 생각해 낸 사람이 바로 고대 그리스의 수학자 아르키메데스라고 해요. "유레카"라고 외친 분 아시죠? 구분구적법은 고등학교에서 적분 공부를 하기 위한 기본 아이디어예요. 인체의 내부를 보기 위해 쓰이는 컴퓨터 단층촬영(CT)도 구분구적법의 원리를 이용해요. X선 등으로 인체 단면을 계속 촬영한 뒤 사진을 여러 장 종합해서 3차원으로 구현하는 방식이지요. 어려운 수학 문제도 단계를 여러 개로 나눈 후 한 단계씩 풀어 나가 보세요. 어느 새 해결 방법이 눈에 보일 거예요.

중등 수학 개념
실생활 선행

방정식 (중학교 1학년 1학기 2단원)

- **활동 목표** 방정식을 세우고 해를 구할 수 있다.
- **주요 개념** 등식, 미지수, 방정식, 해
- **추천 시기** 5학년 이상
- **소요 시간** 15분–20분
- **준비물** 연습장, 연필

개념 이해 활동 대화

엄마 하늘아, 엄마에게 어려운 점이 하나 생겼어. 우리 하늘이가 엄마의 궁금증을 해결해 줘.

하늘 뭔데요?

엄마 엄마가 오늘 마트에서 과자 1개랑 우유 2개를 사고 2000원을 내고 400원을 거슬러 받았거든. 지금 가계부를 써야 하는데 과자 1개는 800원이었던 것이 기억나는데 우유 1개 값이 기억이 안 나서 적을 수가 없어. 하늘이가 좀 도와줄래?

하늘 2000원을 내고 400원을 거슬러 받았으니까 과자 1개랑 우유 2개 가격은 1600원이죠?

엄마 그렇지.

하늘 과자 1개가 800원이면 우유 2개는 얼마겠어요?

엄마 총 1600원이었으니까 800원이겠네.

하늘 맞아요. 그럼 우유 2개가 800원이니까 우유 1개는 400원. 수학 탐정 임무 완료.

엄마 우와, 중학교 때 배우는 걸 벌써 알다니. 넌 좀 전에 방정식의 해를 구한 거야!

하늘 진짜요? 그런데 방정식이 뭐예요?

엄마 아주 방정맞은 식이지. 농담이고, 모르는 것을 구하기 위해 만든 등식을 방정식이라고 해.

하늘 등식은 뭐예요?

엄마 수학에서 '=' 기호 알지?

하늘 네, 같다는 식이잖아요.

엄마 맞아. 한자로 같을 등(等), 기호 호(號)를 써서 등호라고 불러. 등호를 포함하는 식을 등식이라고 해. 발음을 잘못하면 나쁜 말처럼 들리니까 조심해라.

하늘 네. 그런데 우윳값이랑 방정식이랑 무슨 관계가 있어요?

엄마 자, 연습장에 엄마가 쓰는 것 볼래? 우윳값을 모르니까 □라고 하면, 800(과자값) + □ + □ + 400(거스름돈) = 2000이 바로 방정식이야. 이때 모르는 □를 미지수라고 불러. 중학교에 가면 알파벳 x로 많이 쓴단다. 런닝맨에서 X맨을 찾는 것처럼 중학교에서는 방정식을 참이 되게 하는 값을 찾는 공부를 주로 한단다. 그때, x를 방정식을 풀어서 나왔다는 뜻으로 한자로 풀 해(解)를 써서 방정식의 '해'라고 불러.

하늘 방정식을 '해'결해야 하는군요.

엄마 그렇지. 아까 말로 했던 과정을 멋지게 식으로 쓰는 거지. 연습장에 써 볼게.

800 + □ + □ + 400 = 2000에서 800 + □ + □이 1600이 되어야 400을 더하면 2000이 되겠지. 즉, 800 + □ + □ = 1600이고, □ + □ = 800이겠지. 두 개의 □를 더해서 800이니까 □ 하나의 값은 400이 되는 거지. 400이 바로 이 방정식의 해가 되는 거야. 중학교에 가면 좀 더 세련되고 간결한 방법을 배우게 된단다.

하늘 중학교에서 배우는 것도 별로 어렵지 않네요.

엄마 그럼. 우리 하늘 탐정님은 x를 정말 잘 찾을 거야.

활동 내용

1. 방정식을 이용할 수 있는 일상 생활의 간단한 문제를 아이에게 제시합니다.

2. 모르는 수를 미지수라고 부른다는 것을 알려 주고, 미지수를 구할 수 있는 방법을 서로 이야기 나눕니다.

3. 미지수를 포함하는 등식을 방정식이라고 부른다는 것을 알려 주고 방정식을 세우게 합니다. 이때, 미지수는 아이가 원하는 형태로 표현할 수 있도록 격려해 줍니다. (☆, △, 등)

4. 방정식의 해를 구하는 방법을 아이가 설명할 수 있도록 이끌어 줍니다.

개념 정리

- 등식: 등호(=)를 사용하여 나타낸 식
- 미지수: 아직 알 수 없는 수(보통 문자 x로 표기함)
- 방정식: 미지수를 포함하는 등식
- 해: 방정식을 참이 되게 하는 미지수 값

활동 정리

다음 방정식 문제 3개를 아이가 풀어 보도록 제시해 주세요. (단, 각 문제의 □는 동일한 수를 가리킴)

1) □ + 500 = 950

2) □ + □ + □ −20 = 70

3) □ + □ + 4 + □ + □ =16

답: 1) □ = 450 2) □ = 30m 3) □ = 3

Tip 방정식 용어의 유래를 알려 주면 좋아요.

방정식은 영어로는 equation이며, 좌변과 우변이 equal(동일한, 같은)하다는 의미를 가지고 있어요. 한자어인 방정식은 '구장산술'이라는 책에서 나온 말로 사각형(方) 안에서 푸는 과정(程)을 방정(方程)이라고 해요. 옛날 동양에서는 방정식을 풀 때, 모난 사각형 틀 안에 수를 넣고 이리저리 더하고 빼면서 해를 구했기 때문에 방정이라는 표현이 사용되었어요. 서양에서 방정식을 푸는 식이 동양으로 들어오면서 기존에 쓰던 방정에 식을 붙여 방정식(方程式)이라는 이름이 생겼답니다.

함수 (중학교 2학년 1학기 3단원)

- **활동 목표** 함수의 뜻을 말할 수 있다.
- **주요 개념** 함수, 변수, 함수식
- **추천 시기** 5학년 여름방학 이후
- **소요 시간** 15분–20분
- **준비물** 연습장, 연필

개념 이해 활동 대화

하늘 엄마, 저 게임 조금만 할게요.

(한 시간 후)

엄마 아직도 게임 해?

하늘 아직 삼십 분도 안 했어요.

엄마 엄마가 한 시간 되는 거 보고 말했거든. 엄마 분노 게이지가 0에서 2로 상승했어.

(한 시간 후)

엄마 지금 두 시간째 게임하는 거야. 이제 분노 지수 4로 치솟았어.

(한 시간 후)

엄마 엄마 지금 분노 폭발 지수 6이야. 어떻게 게임을 세 시간 내리 하니?

하늘 벌써요? 죄송해요. 한 시간 더 했다가는 엄마 분노 게이지가 8

이 될 것이기에 여기서 멈추겠습니다.

엄마 다행이군. 하늘이가 게임만 잘하는 줄 알았더니 함수도 잘하네.

하늘 함수가 뭐예요?

엄마 너의 각 게임 시간당 엄마의 분노 지수가 하나씩 대응되는 관계를 함수라고 하지. 하나씩만 대응되니까 네가 엄마의 반응을 예측할 수 있겠지.

하늘 제 게임 시간이 한 시간씩 늘어날 때마다 엄마 분노 게이지는 2씩 늘어나는 슬픈 관계네요.

엄마 연습장에 엄마가 표를 하나 그려 볼게.

게임 시간	분노 지수
1	2
2	4
3	6
4	8
.	.
.	.

엄마 만약에 게임 시간이 ☆면 분노 지수는 얼마일까?

하늘 $2 \times$ ☆요.

엄마 게임 시간이 x면 분노 지수는 어떻게 쓰면 될까?

하늘 $2 \times x$지요.

엄마 게임 시간이 변하면 분노 지수도 계속 변하니까 여러 수들을 대표해서 보통 x, y라는 문자로 나타내. 이렇게 변하는 값을 나타내는 문자를 변수라고 불러. 게임 시간이 x면, 분노 지수는 y이고, $y = 2 \times x$라는 식으로 표현할 수 있겠지. 이 식을 함수식이라고 부른단다. 복잡한 표를 이렇게 짧은 한 줄로 표현하는 식의 아름다움이 보이니?

하늘 함수는 알고 보니 저와 엄마의 관계를 식을 이용해서 표현해 주는 역할을 하는 것 같아요.

엄마 맞아. 그래서 함수가 영어로 function이란다. '기능, 수행'의 뜻이 있지. 중학교에 가면 우리가 사는 세상의 여러 관계 중에서 함수인 것을 찾아서 식을 세우고 그래프로 그리는 것도 배운단다.

하늘 그렇구나. 그런데 함수의 한자 뜻은 뭐예요?

엄마 상자 函(함), 수 數(수)를 써서 상자 속에 수를 넣었더니 새로운 수가 나온다는 뜻이야. 게임 1시간을 넣으면 분노 지수 2가 나오고, 2시간을 넣으면 4가 나오고, x를 넣으면 y가 나오는 함이지.

하늘 전 나중에 결혼할 때 함에 수를 잔뜩 넣어 가야겠어요.

엄마 하하하! 네 덕분에 다시 웃음 지수가 올라가네.

활동 내용

1. 게임 시간에 따른 분노 지수처럼 일상에서 함수 관계에 있는 두

양에 대해 살펴볼 수 있는 상황을 발견하게 합니다.

2. 두 양 사이의 관계를 표로 나타낼 수 있도록 도와줍니다.

3. 표에서 발견할 수 있는 두 양 사이의 관계를 아이가 말해 볼 수 있도록 격려해 줍니다.

4. 한 양이 변할 때마다 다른 양도 규칙을 가지고 하나씩 대응되는 관계를 함수라고 부른다는 것을 알려 줍니다.

5. 함수를 간결하게 표현하기 위해서 규칙을 식으로 표현하는 함수 식을 쓸 수 있도록 도와줍니다.

개념 정리

- 함수: 두 변수 x, y에 대하여 x의 값이 변함에 따라 y의 값이 하나씩만 정해질 때, y를 x의 함수라 한다.
- 변수: 여러 가지로 변하는 값을 나타내는 문자
- 함수식: y가 x의 함수일 때, y의 x에 관한 식

활동 정리

주변에서 함수인 관계 3개를 아이가 찾아볼 수 있도록 물어봐 주세요.

예1) 음료수 자판기에서 버튼 하나를 누르면 음료수 하나가 나 오는 경우

예2) 200ml 우유 5개를 컵에 하나씩 부을 때 컵의 높이

예3) 산의 높이에 따른 기온 변화

중등 수학에 많이 쓰이는 x라는 문자는 크게 $x + 2 = 0$과 같은 방정식에 쓰이는 미지수의 역할과 $y = 2x + 1$처럼 함수의 변수 역할을 해요. 미지수가 방정식을 참이 되게 하는 알지 못하는 고정된 수임에 반해 변수는 여러 가지로 변하는 수들을 일반화해서 문자로 표현한 것이랍니다. 동일하게 x라는 문자를 사용하다 보니 아이들이 두 개념을 혼동할 수가 있어요. 서로 다른 상황의 x를 구별할 수 있게 아이들에게 설명해 주시면 좋아요.

피타고라스 정리 (중학교 2학년 2학기 5단원)

- **활동 목표** 피타고라스 정리를 설명할 수 있다.
- **주요 개념** 피타고라스 정리
- **추천 시기** 6학년 이상
- **소요 시간** 20분–25분
- **준비물** 삼각자, 연습장, 연필, 영상 시청 도구(휴대폰), 색종이 1장

활동 내용

1. 아이는 삼각자로 직각삼각형을 그리고, 부모님은 아이가 직각삼각형(한 각이 직각인 삼각형)의 정의를 아는지 물어보세요.

2. 오늘은 직각삼각형에 숨겨진 놀라운 성질을 발견하는 수학자가 되어 달라고 부탁해 주세요.

3. 옆의 QR코드를 찍어 40여 초의 영상을 시청하고 발견한 사실을 이야기 나누세요. (직각삼각형, 정사각형 3개, 큰 정사각형에 채운 물의 양은 작은 두 정사각형에 채운 물의 합과 같다 등)

4. 삼각자를 이용해서 세 변의 길이가 각각 3cm, 4cm, 5cm인 직각삼각형을 연습장에 그릴 수 있도록 도와주세요.

5. 영상에서처럼 직각삼각형의 각 변을 한 변으로 하는 정사각형 3개를 그린 후, 각 정사각형의 넓이를 구하게 하세요.

6. 각 넓이 사이의 관계를 이야기하도록 유도해 주세요.

9 + 16 = 25, 즉 (3×3) + (4×4) = 5×5라는 사실을 말할 수 있도록 오랫동안 기다려 주세요. 10분이 지나도 못 찾아내면 부모님께서 알려 주셔도 좋아요.

7. 아래 그림을 보여 주면서 좀 전에 아이가 발견한 성질을 고대 그리스의 피타고라스가 발견하면서 유명한 수학자가 되었다는 사실을 알려 주세요. 물론 우리 아이도 유명한 수학자가 될 가능성이 높다고 많이 칭찬해 주세요.

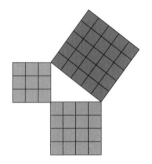

피타고라스는 직각삼각형에서 짧은 두 변의 길이를 각각 두 번씩 곱해서(제곱해서) 더하면 가장 긴 변의 길이를 두 번 곱한 것과 같다는 사실을 증명했어요. 이것을 피타고라스의 정리라고 불러요. 자세한 증명 방법은 중학교에서 배운답니다.

8. 다음은 색종이를 접어서 피타고라스 정리를 확인해 볼게요.

① 색종이를 십자 모양으로 접게 해 주세요.

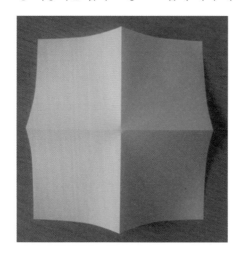

② 색종이를 대각선으로도 접을 수 있도록 도와주세요.

③ 색종이의 네 꼭짓점을 중심점으로 접어 넣게 해 주세요.

④ 색종이를 편 후 가로 방향으로 두 번 접게 해 주세요.

색종이를 편 후 세로 방향으로도 두 번 접게 해 주세요.

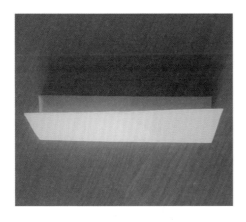

⑤ 색종이에 아래 그림과 같은 접힌 선이 있으면 됩니다.

⑥ 접힌 선을 따라 직각삼각형과 정사각형 3개를 그립니다. 그러면 작은 두 정사각형에 합동인 삼각형 4개와 큰 정사각형에 있는 4개의 삼각형의 넓이가 같다는 사실을 확인할 수 있어요. 즉, $(a \times a) + (b \times b) = (c \times c)$가 됩니다.

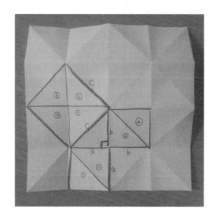

9. 다음 그림처럼 다양한 직각삼각형에서도 피타고라스 정리가 성립된다는 것을 확인할 수 있도록 도와주세요.

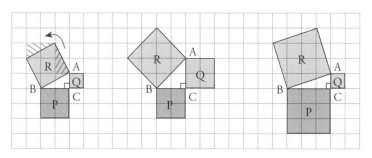

• 피타고라스 정리

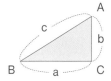

직각삼각형 ABC의 세 변의 길이를 각각 a, b, c라고 할 때, $(a \times a) + (b \times b) = (c \times c)$

활동 정리

피타고라스 정리를 이용해서 다음 문제를 풀어 보세요.

1) 두 변의 길이가 각각 6cm, 8cm인 직각삼각형의 가장 긴 변의 길이는 얼마일까요?

2) 가로의 길이가 5cm, 세로의 길이가 12cm인 직사각형의 대각선의 길이는 얼마일까요?

Tip 피타고라스 정리는 어떻게 활용될까요?

초등 때 삼각형의 넓이 구하는 공식만큼이나 중등 때 피타고라스 정리는 자주 활용돼요. 삼각비나 원의 성질뿐만 아니라, 평면좌표에서 두 점 사이의 거리를 구하기 위해서도 피타고라스 정리는 핵심적인 역할을 합니다. 저는 학생들을 가르칠 때 피타고라스 정리를 아는 학생과 모르는 학생으로 구별할 정도로 피타고라스 정리를 이용하면 쉽게 해결되는 수학 문제들이 아주 많아요. 세계 7대 불가사의 중 하나인 피라미드, 동양에서 가장 오래된 관측대인 첨성대 건축에도 피타고라스 정리가 활용되었지요. 돛단배의 밧줄 길이나 사다리의 길이를 계산해서 사다리차를 배차할 때도 피타고라스 정리가 쓰입니다. 우리 아이도 이렇게 세상에 많이 쓰일 수 있는 '○○의 정리'를 만들어 볼 수 있도록 응원의 박수를 보내 주세요.

확률 (중학교 2학년 2학기 6단원)

- **활동 목표** 확률의 뜻을 말할 수 있다.
- **주요 개념** 확률
- **추천 시기** 6학년 겨울방학
- **소요 시간** 15분-20분
- **준비물** 연습장, 연필

개념 이해 활동 대화

하늘 엄마, 잠깐 여기 좀 와 주세요. 저 정말 억울한 일이 있어요.

엄마 무슨 일이야?

하늘 아빠랑 보드게임하는데 3번 먼저 이기면 각자 1000원씩 낸 상금 2000원을 모두 갖기로 해서 제가 첫 판을 이겼거든요.

엄마 와, 축하해. 그런데 뭐가 억울할까?

하늘 두 번째 판 시작하려는데 아빠가 회사에서 급한 전화가 왔다고 지금 나가셔야 한대요. 그럼 2000원은 제가 다 가져야 하는 거죠?

엄마 음, 그럴 것도 같은데. 아빠는 뭐라고 하셔?

하늘 게임이 끝난 게 아니니까 각자 1000원씩 다시 돌려받아야 한대요. 저 너무 억울한 거 아니에요?

엄마 도박사 드 메레의 고민을 엄마 파스칼이 해결해 줘야겠네.

하늘 파스칼은 들어본 적이 있는데 드 메레는 누구예요?

엄마 5학년 수학 시간에 '가능성'이라는 단어 배웠지? 중학교에 가면 '가능성'을 '확률'이라는 새로운 개념으로 배우게 되는데 그 확률 이론을 처음 만들 수 있게 파스칼에게 질문을 한 사람이야.

하늘 어떤 질문을 했어요?

엄마 드 메레가 파스칼에게 유명한 문제 두 개를 물어봤는데, 그중 두 번째 문제가 하늘이가 엄마에게 물어본 것과 아주 비슷해. 여기 문제를 보겠니?

> "실력이 비슷한 A와 B 두 사람이 각각 32피스톨(pistol: 스페인의 옛 금화)을 걸고 5점 내기를 해서 이긴 사람이 64피스톨을 모두 갖기로 했다. 그런데 A가 4 대 3으로 앞선 상황에서 피치 못할 이유로 게임이 끝나게 되었다면 64피스톨은 어떻게 분배해야 할까?"

엄마 하늘이는 어떻게 생각해?

하늘 저는 A가 앞서고 있었으니까 현재까지의 결과를 보고 A가 64피스톨을 모두 가져야 한다고 생각해요.

엄마 엄마는 4대 3인 상황을 고려해서 A에게는 4만큼에 해당하는 돈을, B에게는 3만큼의 돈을 줘야 한다고 생각했는데 수학자 파스칼은 다른 방법으로 생각했대.

하늘 파스칼은 어떻게 생각했나요?

엄마 파스칼은 64피스톨을 A와 B에게 3:1로 비례 배분해야 한다고 설명했대. 두 사람 A와 B의 점수가 각각 4점과 3점일 때, 게임의 승패가 결정되는 5점까지는 각각 1점과 2점이 부족하므로, 승부를 가리기 위해서는 최대 두 번의 게임을 더 해야 한다는 것이지. 두 번의 게임에서 일어날 수 있는 모든 경우들을 구하고 그중에서 A와 B가 이길 경우를 가려낸 다음 그 비에 따라 돈을 배분해야 한다고 생각한 거야.

하늘 오올, 파스칼 똑똑하네요.

엄마 파스칼의 생각 속에 중학교에서 배우는 확률의 개념이 숨어 있단다. 두 번의 게임에서 일어날 수 있는 모든 경우들은 다음과 같아.

1. 두 번 모두 A가 이긴다.

2. A가 이기고 그 다음에 B가 이긴다.

3. B가 이기고 그 다음에 A가 이긴다.

4. 두 번 모두 B가 이긴다.

파스칼은 이 네 가지 경우 중에서 1, 2, 3은 A가 이기고 4는 B가 이기기 때문에 돈은 3:1로 나누어야 한다고 주장했어. 그래서 64피스톨의 $\frac{3}{4}$인 48피스톨은 A가 갖고, $\frac{1}{4}$인 16피스톨은 B가 가져야 합리적이라고 생각했던 것이지.

하늘 오래 전 사람인데 파스칼은 비례 배분도 알았나 봐요.

엄마 그렇네. 파스칼은 A가 이길 가능성을 $\dfrac{\text{A가 이길 경우의 수}}{\text{일어나는 모든 경우의 수}}$ 로 표현하는 것도 알았나 봐.

하늘 파스칼의 설명도 나름 일리가 있지만, 저는 오늘 제가 2000원을 모두 받아야 한다는 새로운 이론을 정립하고 말겠어요.

활동 내용

1. 드 메레의 두 번째 문제를 아이에게 제시하거나 그와 유사한 상황이 생겼을 때를 소개합니다.

2. 드 메레의 두 번째 문제를 해결할 수 있는 방법을 서로 이야기 나눕니다.

3. 드 메레의 두 번째 문제를 해결했던 파스칼의 논리를 아이에게 설명해 줍니다.

4. 파스칼 설명 속에 녹아 있는 확률의 개념을 알려 줍니다.

개념 정리

• 확률: 하나의 사건이 일어날 수 있는 가능성을 수로 나타낸 것으로, 다음과 같은 식으로 나타낼 수 있다.

$$\dfrac{\text{그 사건이 일어나는 경우의 수}}{\text{일어나는 모든 경우의 수}}$$

활동 정리

다음 확률을 계산할 수 있도록 제시해 주세요.

1) 두 사람이 가위바위보를 했을 때 비길 확률

2) 주사위를 던졌을 때 짝수가 나올 확률

3) 1부터 7까지 수가 적힌 7장의 카드 중에서 한 장을 뽑았을 때 7이 나올 확률

답: 1) $\dfrac{1}{3}$ 2) $\dfrac{1}{2}$ 3) $\dfrac{1}{7}$

Tip 드 메레의 첫 번째 문제는 무엇일까요?

첫 번째 문제는 주사위에 관한 질문이었어요. 1개의 주사위를 4번 던졌을 때 적어도 한 번 6이 나오는 경우가 2개의 주사위를 24번 던졌을 때 적어도 한 번 두 주사위 모두 6이 나오는 경우보다 더 유리한 이유를 묻는 질문이었지요. 파스칼은 여사건의 확률(사건 A가 일어날 확률을 p라 하면 사건 A가 일어나지 않을 확률은 1−p)을 이용해서 전자의 경우가 후자보다 확률이 더 높다는 것을 설명해 주었답니다.

무리수 (중학교 3학년 1학기 1단원)

- **활동 목표** 무리수의 뜻을 말할 수 있다.
- **주요 개념** 제곱근, 무리수, 유리수
- **추천 시기** 6학년 겨울방학 피타고라스 정리 실생활 선행 후
- **소요 시간** 25분–30분
- **준비물** A4용지, 자, 계산기, 연습장, 연필

활동 내용

1. 아이가 A4 용지 가로 길이(짧은 쪽)와 세로 길이를 자로 재게 해 주세요.

2. 가로 21cm와 세로 29.7cm는 어떻게 정해진 수일지 아이의 생각을 물어봅니다. (다양한 의견을 존중해 주세요.)

3. 계산기를 사용해서 세로 ÷ 가로 = 29.7 ÷ 21은 대략 1.414임을 확인할 수 있게 도와주세요.

4. A4 용지 세로 부분을 반으로 접은 후 가로의 길이와 세로의 길이를 예상하게 합니다.

5. 가로 14.85cm(29.7의 절반)와 세로 21cm를 확인한 후 세로 ÷ 가로 = 21 ÷ 14.85를 계산기를 사용하면 대략 1.414로 접기 전과 동일하다는 것을 발견할 수 있도록 해 주세요. (한 번 더 접어서 동일한 과정을 두 번 확인해 보는 것도 좋아요.)

6. A4 용지를 여러 번 접어도 항상 가로의 길이에 대한 세로 길이의 비율(세로÷가로)이 일정하다는 사실을 정리할 수 있도록 해 주세요. 이는 A4 용지를 잘라서 작은 종이를 만들 때, 원래 모양과 같은 비율을 유지함으로써 종이 손실을 최대한 줄이기 위한 목적이라는 것을 알려 줍니다.

7. 정확하게 나누어 떨어지지도 않는 1.414라는 수가 어떻게 생겨났는지 알아보기 위해 연습장에 A4 용지 하나, 접은 용지 하나를 그리게 합니다.

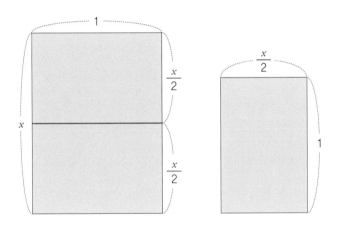

A4 용지의 가로의 길이를 1로 놓고 세로의 길이를 x로 놓으면 반으로 접은 용지의 가로의 길이는 $\frac{x}{2}$, 세로의 길이는 1이 됩니다. 두 도형의 가로의 길이에 대한 세로 길이의 비율이 같기 때문에 $x : 1 = 1 : \frac{x}{2}$ 라는 비례식을 세울 수 있지요. 비례식의 성질

에 의해서 외항의 곱과 내항은 곱은 같으므로 $\frac{x}{2} \times x = 1$ 입니다. $x \times x = 2$일 때, 이 식이 성립하기 때문에 두 번 곱해서 2가 되는 수를 찾아야 한다는 것을 아이에게 알려 줍니다.

8. 두 번 곱해서(제곱해서) 1이 되는 수를 물어보고, 두 번 곱해서 4가 되는 수를 물어봅니다. 각각 1과 2라고 대답하면 두 번 곱해서 2가 되는 수는 무엇인지 물어봅니다. (피타고라스도 몰랐던 수이기 때문에 우리 아이들이 모르는 것은 당연하다고 격려해 주세요. 대부분의 아이들이 그런 수는 없다고 말할 것입니다. 지금부터 그 수의 존재를 보여 주겠다고 하시면 돼요.)

9. 제곱해서 2가 되는 수는 1보다는 크고(1을 제곱하면 1이므로) 2보다는 작은 수(2를 제곱하면 4이므로)라는 것을 예측하게 도와줍니다. 그 후 연습장에 한 변의 길이가 1cm인 정사각형을 그리게 합니다.

10. 정사각형의 대각선 하나를 그리고 길이를 측정해서 대략 1.4 정도임을 확인하게 합니다. 이 길이는 A4 용지 가로의 길이에 대한 세로 길이의 비율이었다는 사실을 상기시킵니다. 즉, 제곱해서 2가 되는 수의 어림값이었음을 아이가 기억하도록 도와주세요.

11. 정사각형에 대각선을 그리면 직각삼각형이 생깁니다. 피타고라스 정리에 의해서 $(1 \times 1) + (1 \times 1) = (x \times x)$이므로 한 변의

길이가 1cm인 정사각형의 대각선의 길이는 제곱해서 2가 되는 수라는 것을 아이가 말할 수 있도록 도와주세요.

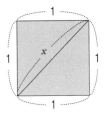

12. 제곱해서 2가 되는 수는 분명 우리 일상에 존재하지만, 지금까지 배웠던 자연수나 분수로는 표현할 수 없기 때문에 새로운 수를 만들어 볼 것을 제안합니다. (아이의 상상력을 응원해 주세요.)

13. 수학자들은 제곱을 하기 전의 뿌리를 나타내 주는 수이기 때문에 root(뿌리)를 이용해서 새로운 수를 만들었다는 것을 알려 줍니다. root의 첫 글자 r을 길게 늘려서 만든 $\sqrt{}$ 기호를 사용해서 $\sqrt{2}$ 라고 쓰고 루트2라고 읽어요. 한자로 뿌리 근(根)을 써서 한글로는 제곱근2라고도 읽는다는 것을 설명해 줍니다. 즉 제곱근2는 제곱하면 2가 되는 수라는 것을 알려 주세요.

14. $\sqrt{2}$ 는 1.4142135623⋯와 같이 끝없이 계속되며 이렇게 끝도 없이 계속되는 수를 예전에 본 적이 있는지 물어봐 주세요. (원주율이라고 대답하면 많이 칭찬해 주세요.)

15. 원주율을 3.14로 어림해서 사용하는 것처럼 $\sqrt{2}$ 도 대략 1.414

로 어림해서 사용한다는 것을 알려 줍니다.

16. 원주율이나 $\sqrt{2}$ 처럼 소수점 아래로 수가 끝없이 계속되어 분수 형태로 고칠 수 없는 수를 무리수, 분수 형태로 나타낼 수 있는 수를 유리수라고 정의함을 알려 줍니다. 우리가 사용하는 자 속에는 유리수와 무리수가 함께 합쳐져 가득 채워져 있다는 것 을 설명해 줍니다.

개념 정리

• 제곱근a : 제곱해서 a가 되는 수

• 무리수: 반복되는 규칙 없이 끝없이 계속되는 무한소수

• 유리수: $\dfrac{b}{a}$ (a≠0, a와 b는 자연수) 형태로 나타내지는 수

   (중학교에 가면 자연수에서 정수로 확장돼요.)

활동 정리

다음 그림에서 넓이가 5인 정사각형의 한 변의 길이는 얼마일까요?

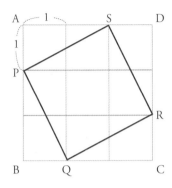

답: $\sqrt{5}$

Tip 무리수의 발견 때문에 목숨을 잃은 사람이 있어요.

피타고라스는 만물의 근원을 '수'로 보았어요. 이때 '수'는 유리수를 뜻하는 것이었지요. 그런데 피타고라스의 제자 중 한 명인 히파수스는 피타고라스 정리에 의해 한 변의 길이가 1인 직각이등변삼각형의 빗변의 길이는 유리수로 표현할 수 없다는 사실을 알게 됩니다. 세상은 모두 유리수로 이루어져 있다고 믿었던 피타고라스 학파는 새로운 수를 이치에 맞지 않는 수(무리수(無理數))라 칭하며 히파수스에게 절대 외부에 발설하지 말라고 당부했지요. 그러나 히파수스는 이 사실을 외부에 알려야 한다고 주장하며 끝내 알리게 됩니다. 이에 분노한 피타고라스 학파 동료들은 그를 바다에 던지고 히파수스는 결국 죽음을 맞게 됩니다. 우리가 일상 속에서 접하고 배우는 무리수를 위해 누군가의 소중한 생명의 피가 함께했다는 사실을 생각하며 무리수의 소중함을 되새겨 보는 시간을 가지셨으면 좋겠어요.

초, 중, 고 수학의 차이는 무엇일까요?

부모님께서는 학교 다닐 때 혹시 수학 과목을 좋아하셨나요?

제 주변의 많은 분들이 대부분 수학이라면 치를 떨며 싫어하십니다. 그러다 보니 초등 수학은 어찌저찌해서 아이를 도와주는데, 아이가 중학교 입학하면서부터는 아예 수학 공부는 부모님께서 범접할 수 없는 영역으로 치부해 버리는 경우가 많습니다. 하지만 초등 수학을 우리 아이들과 함께 3부까지 잘 이끌어 오신 부모님들이라면 중등 수학도 충분히 걸어 나가실 수 있습니다. 그 걸음에 작은 힘을 보태 드리고자 초, 중, 고 사이를 흐르는 수학의 큰 흐름을 적어 보려고 합니다.

2부 교육과정을 읽어 보셔서 아시겠지만, 우리 아이들은 초등학교에서 자연수와 분수 계산도 배우고, 도형의 정의와 성질도 공부합니다. 피아제의 인지발달 이론에서 구체적 조작기에 해당하는 초등 아이들은 구체적인 대상이나 상황에 사고의 근거를 두게 됩니다. 따라서 구체물이나 실생활 속에서 수학을 배워 나가는 것이 필요합니다. 그렇다면 중학교와 고등학교에서는 무엇을 배우고 초등학교 때와는 어떻게 다를까요?

초등학교에서는 귤을 보면서 1, 2, 3이라는 수로 옮겨가는 과정을 공부했다면, 중학교에서는 수를 문자로 옮겨가는 단계로 올라섭니다. 고등학교에서는 고정된 유한한 문자에서 무한으로 움직이는 문자의 세계로 도약합니다. 무슨 말인지 어려우시죠? 조금 더 자세하게 알려 드릴게요.

귤을 가지고 1개, 2개를 세어 보던 아이는 초3이 되면서 귤을 절반으로 쪼개어 $\frac{1}{2}$ 이라는 분수도 발견합니다. 그런데 중1이 된 아이는 혼란에 빠집니다. 아무리 주변을 살펴도 −2라는 수를 찾기가 쉽지 않기 때문입니다. 특히 (−2)×(−2)=(+4)가 되는 경우를 일상에서 도대체 발견할 수가 없습니다. 바로 이 부분이 초등 수학과 중등 수학의 가장 큰 차이점입니다. 초등 수학이 일상의 필요에 의해 배우는 영역이 주를 이룬다면 중등 수학부터는 논리적인 수학의 흐름을 위한 필요에 의해 전개되는 영역이 많습니다. 구체적 조작기에 획득된 기능들을 바탕으로 중등 시기에는 형식적 조작을 할 수 있는 준비가 되었기 때문입니다. 피아제는 발달 과정에서 구체적 조작기를 뛰어넘어서 형식적 조작기로 바로 넘어갈 수 없다고 주장했습니다. 이것이 바로 초등 때 제가 실생활 수학을 강조하는 이유입니다. 물론 중등 시기에도 실생활 수학이 중요하긴 하지만, 초등에 비해 수학끼리의 내적 연결 과정이 훨씬 더 부각되는 측면이 있습니다. 그렇다면 중등 수학끼리 연결해 주는 핵심 내용은 무엇일까요?

중등 수학의 첫 시작은 모르는 것을 알고자 하는 인간의 호기심에서부터 출발합니다. 모르는 수를 알아내기 위한 식, 혹시 생각나는 세 글자가 있으신가요? 네, 맞습니다. 중등 수학에서 다루는 많은 내용들은 '방정식'을 풀고자 하는 몸부림의 결과들입니다. 앞에서 언급한 중1 때 배우는 -2라는 수는 $x+2 = 0$이라는 방정식의 해를 구하기 위한 수학적 필요에 의해서 만들어 낸 수이기 때문에 일상에서 쉽게 발견이 어렵습니다. 이처럼 미지수를 구하기 위해 문자를 도입하고, 사칙계산하는 과정을 중학교에서 배웁니다. $2x+1=0$이라는 방정식을 풀기 위해 유리수를 정의하고, 좌표평면에 그래프를 그리는 것도 결국은 x축과 만나는 점인 방정식의 해를 발견하기 위한 과정입니다. 고등학교에서는 복잡한 방정식의 해의 존재성을 파악하기 위해서 그래프를 이용하고자 미분을 배웁니다. 미분은 학생들을 무한의 세계로 도약하게 해 주는 초대장입니다. 이처럼 중등 수학은 방정식의 해를 구하기 위해서 수를 확장하고 함수를 이용하는 등 수학 내에서 각 영역 간 연결을 전개해 나갑니다. 즉, 초등에서는 구체적 상황 속에서 수학적 개념을 도출해 내고 중등에서는 수학적 개념을 형식화하고 이상화하는 과정을 다룹니다.

또 초등에서 측정으로 발견했던 도형의 성질들은 중등에서는 논리적으로 증명하는 방법을 배우고, 성질들을 이용해서 일상에서 다양하게 활용할 수 있는 방안들을 연구합니다. 초등 때 구체물을 가지고 손으로 만지고 눈으로 보면서 자유로운 발상을 키우는 과정은 중등에서 직관을 정교화하고 다듬는 논증을 할 수 있는 밑바탕이 됩니다. 그리고 통계 자료를 정리하는 법을 주로 배웠던 초등 때와는 달리 중등에서는 확률을 이용해서 통계 자료를 분석하고 추정하는 과정을 공부하게 됩니다.

읽기만 해도 속이 울렁거리죠? 하지만 걱정하지 않으셔도 됩니다. 제가 지금까지 알려 드린 방법으로 초등 때 탄탄한 기본을 쌓아온 아이들은 스스로 중학교 한 계단, 고등학교 한 계단을 올라갈 수 있는 힘이 있습니다. 부모님들께서는 초등 때 극진한 정성으로 아이의 방향을 잘 이끌어 주시고, 중등 때는 격려와 지지로 본격적으로 달리기 시작하는 아이 곁에서 응원해 주시면 됩니다.

초등 수학의 선행 핵심 3
성취감 수학

저는 고1 때 짝사랑했던 수학 선생님께 잘 보이고 싶은 마음에 수업 시간이면 열심히 선생님을 쳐다보며 대답하고, 내주시는 과제는 한 문제도 빠짐없이 풀었습니다. 그저 선생님의 칭찬 한 마디를 듣고 싶어서 수학 문제만 풀어대던 시절이 있었습니다. 그런데 놀라운 일이 일어났습니다. 고등학교 2학년이 되면서부터 수학 문제 푸는 것이 재미있어지기 시작한 것입니다. 국어는 가장 가까운 것이 답이 되는 반면, 수학은 정확한 답이 존재하는 매력에 빠져들게 된 거죠. 한 시간 고민하던 문제를 풀어냈을 때의 쾌감은 수학 선생님의 칭찬만큼이나 제 엔도르핀 분비를 촉진시켰고, 덩달아 수학 성적도 올랐습니다.

수학 문제를 풀어냈을 때의 성취감은 수학 공부의 궁극적인 목표입니다. 이 만족감을 느껴 본 아이들은 수학 공부 좀 그만하라고 해도 제발 한 문제만 더 풀게 해 달라고 애원합니다. 수능 수학 1등급을 받는 학생들은 대부분 이 맛을 경험해 본 아이들이었습니다. 그러나 수학 문제를 풀면서 성취감을 느낄 수 있는 초등 저학년들은 그리 많지 않습니다. 아직은 때가 아니기 때문입니다. 아무리 빨라도 3학년은 되고 나서야 아이가 수학 문제집을 풀면서 재미를 느낄 수 있는 방법들을 조심스럽게 가르쳐 주셔야 합니다. 저는 고등학교 2학년이 돼서야 비로소 수학 문제 푸는 재미를 맛볼 수 있었습니다. 그러므로 절대 조급하게 생각하지 않으셔도 됩니다. 우리 아이가 초등 수학 공부에 자신감과 흥미를 가질 수 있도록 반드시 지켜 주시면서 서서히 성취감 수학을 위한 방향으로 안내해 주시면 됩니다. 그럼 어떤 과정을 통해 아이에게 성취감 수학을 선물해 줄 수 있을까요?

우선, 아이가 문제를 끝까지 붙잡고 해결할 수 있는 힘을 길러 주셔야 합니다. 저학년 때는 좋아하는 활동을 통해서, 3학년 때부터는 적절한 난도를 가진 문제들을 몰입해서 풀어 보는 경험을 통해서 이 힘을 키울 수 있습니다. 다음으로 오답노트와 문제풀이 노트를 정리하면서 수학 문제를 푸는 과정에 재미를 느낄 수 있도록 다양한 방법으로 이끌어 주셔야 합니다. 가끔씩 아이가 출제자가 되어 문제를 출제해 봄으로써 문제의 의도를 바라보는 안목을 길러 주시는 것도 좋습니다. 물론 가장 중요한 것은, 이 모든 과정을 우리 아이의 성향과 속도에 맞추어 아이가 수학을 즐기면서 성취감 수학을 만끽할 수 있는 방향으로 향해 가야 한다는 것입니다. 좋은 얘기이지만 어떻게 해야 할지 감이 안 잡히시죠? 지금부터 성취감 수학을 위한 자세한 방법을 설명해 드리는 것으로 마지막 장을 정성껏 채워 보겠습니다.

성취감 수학을 위한 방법 1
과제집착력

초1, 2 과제집착력 뿌리 심기

과제집착력이란, 하나의 문제에 집중하여 풀릴 때까지 포기하지 않는 힘을 뜻합니다. 초등 때는 과제집착력이 크게 눈에 띄지 않습니다. 집착하지 않아도 쉽게 해결할 수 있는 문제들이 대부분이기 때문입니다. 그러나 고도의 사고력이 필요한 중등 수학 문제를 해결하기 위해서는 반드시 과제집착력이 필요합니다. 교사로서 제 바람은 중학교에 입학하는 아이들이 '수학 공부'가 아닌 '수학을 공부할 수 있는 힘'을 키우는 초등 시절을 보냈으면 하는 것입니다. 그런 초등 시절을 보내지 못했기에 중등에 와서 수학 공부가 망하는 아이들을 많이 봤고 마음이 무척 아팠습니다. 중등 공부를 위해 가장 필요한 힘인 동시에 수학 문제를 풀면서 성취감을 만끽하기 위한 기초 체력이 바로 과제집착력입니다.

그러나 과제집착력을 가지고 태어나는 것도 아니고, 더욱이 처음부터 수학 문제에 집착하는 아이들은 아주 드뭅니다. 부모님께서는 아이들이 과제에 집착할 수 있도록 순차적인 준비를 해 주셔야 합니다. 초1, 2 아이들에게는 수학 문제집 대신에 아이들이 좋아하는 일에 몰입하는 경험을 할 수 있도록 도와주세요. 과제집착력은 한 가지 일에 푹 빠져서 시간 가는 줄 모르고 집중했을 때 자라므로, 아이가 하고 싶어 하는 일을 발견해 주고 지지해 주는 것이 우리 아이의 과제집착력을 키워 주는 첫걸음입니다.

이를 위해 제가 초1, 2 아이들의 과제집착력 형성을 위한 몇 가지 단계를 알려 드리겠습니다. 우선 아이를 일주일 정도 꾸준히 관찰해 보세요. 그러면 두세 가지 정도 아이가 좋아하는 활동을 발견하실 수 있을 겁니다. 그 후에 되도록 아이의 생활을 단순화시켜 주세요. 1장에서 말씀 드린 복습처럼 반드시 해야 하는 활동들만 남기고 나머지 시간은 아이의 자유 시간으로 확보해 주시면 됩니다. 그 시간 동안 아이가 좋아하는 활동에 몰입할 수 있도록 여건을 마련해 주세요. 바로 이 지점에서 부모님의 갈등이 시작됩니다. 당장 결과가 눈에 보이는 수학 공부를 더 많이 시키고 싶은 마음이 드실 수도 있습니다. 그러나 초1, 2는 아이들 수학 공부의 뿌리가 자리를 잡아야 하는 때입니다. 튼튼한 뿌리는 당장 눈에 보이지 않아도 훨씬 풍요로운 열매를 맺습니다. 자유롭게 자신이 좋아하는 일에 열중하는 아이를 전적으로 믿으셔도 됩니다. 그렇다고 텔레비전이나 컴퓨터 같은 미디어를 시청하는 것은 지양해야 합니다. 아이가 보다 생산적으로 몰입할 수 있도록 늘 살펴주시기 바랍니다.

참고로 저희 딸은 레고, 지점토 만들기, 동물 보살피기, 요리하는 것을 좋아해서 전 딸을 위해 레고와 지점토를 구매해 주고, 햄스터를 키웁니다. 수학 문제집을 풀다가 화장실 가는 일은 있어도, 요리할 때는 안 갑니다. 자신이 좋아하는 일에 마음껏 몰입해 본 아이만이 자신이 해야 하는 일에도 집중할 줄 압니다. 적어도 초등 저학년 시절에는 우리 아이가 레고를 만들고 싶어서 잠들기 아쉬워하거나, 햄스터에게 먹이를 주기 위해 아침에 침대에서 바로 일어날 수 있는 가슴 설레는 경험들을 많이 해 보았으면 합니다. 그 경험 속에서 아이는 즐거운 몰입을 느끼고, 이 느낌이 아이에게 원동력이 되어 수학 공부에서 한 문제에 몰입할 수 있는 과제집착력으로 전이됩니다.

공자는 "어떤 사실을 아는 사람은 그것을 좋아하는 사람만 못하고, 좋아하는 사람은 즐기는 사람만 못하다"고 했습니다. 수학 공부를 즐기기 위해서는 과거에 무언가 즐겨 본 기억이 필요합니다. 그 기억으로 수학에도 노력과 시간을 투자할 마음을 낼 수 있습니다.

수학 공부뿐만 아니라, 우리 아이가 학창 시절 힘든 순간을 만날 때마다 꺼내어 웃어 볼 수 있는 즐거운 몰입의 추억을 선물해 주시는 부모님을 응원합니다.

초3, 4, 5, 6 과제집착력 줄기 세우기

지금부터는 초1, 2 때 키워 온 몰입의 힘을 최대한 지혜롭게 수학 공부로 옮겨 갈 수 있는 방법을 알려 드리겠습니다.

저희 딸이 다니는 학교는 초1 때부터 매년 말에 한컴타자 인증시험을 치릅니다. 아이는 1학년 컴퓨터 시간에 처음 타자 연습을 하면서 자판이 어떻게 배치되어 있는지 알게 되었습니다. 매주 한 시간씩 있는 컴퓨터 수업 시간마다 한 단계씩 연습을 했지만, 실력은 좀처럼 늘지 않았습니다. 방법을 고민하던 저는 '오늘의 할 일'에 매일 한컴타자 연습 5분을 넣고자 딸의 의견을 물었습니다. 긴 대화와 설득 끝에 딸은 3분은 할 만하다는 협상안을 제시했고, 저는 기쁘게 수용했습니다. 다음 날부터 매일 하루도 빠지지 않고 아이는 3분씩 한컴타자 연습을 시작했습니다. 3학년을 마무리하면서 학년에서 가장 한컴타자 실력이 뛰어난 학생으로 상품을 받았고, 또 그렇게 싫어하던 한컴타자 연습을 지금은 가장 좋아하며 즐기고 있습니다.

물론 타자 연습과 수학 공부가 동일할 수는 없겠으나, 핵심은 '매일 3분'입니다. 과제집착력의 시작을 위해서는 3분처럼 반드시 부담을 느끼지 않는 선에서 매일 꾸준히 수학 공부를 할 수 있는 루틴을 만들어 주셔야 합니다. 매일 밥 먹는 것처럼 당연하지만, 부담되지 않는 오늘의 수학 공부 계획을 명확하게 페이지까지 적어서 아이가 실천할 수 있도록 제시해 주시면 됩니다. 자세한 방법은 1장 복습 방법에서 알려 드린 '오늘의 할 일' 계획을 참고하시기 바랍니다.

다음으로 튼튼한 과제집착력 줄기를 세우기 위해서는 아이들의 부담을 줄여 주는 적은 문제와 넉넉한 시간이 필요합니다. 한 문제를 가지고 오랫동안 몰입해서 고민할 수 있는 여유가 필요합니다. 한 문제를 해결하기 위해서 그림을 그려 보고 안 풀리면 다시 고민을 시작합니다. 식을 만들어 해결해 보도록 부모님은 옆에서 응원해 줍니다. 규칙을 찾을 수 있도록 미리 정답과 해설 내용을 파악하고 있다가 적당한 타이밍에 힌트를 던져 줍니다. 이렇게 한 문제를 가지고 10분 정도 시간을 보내는 경험 속에서 아이의 과제집착력은 발전합니다. 그 과정을 거쳐서 드디어 이 문제를 해결했을 때의 쾌감은 아이에게 성취감과 더불어 수학 공부의 재미를 느끼게 합니다. "넌 시간이 좀 걸릴 뿐이지 결국 해낼 줄 알았어." 부모님의 이 한 마디는 그 어떤 보상보다도 달콤합니다. 이 과정은 학교나 학원에서는 진행되기 힘들기 때문에 처음에는 부모님께서 함께해 주셔야 합니다. 10문제 정도 이런 경험들이 쌓이면 혼자서도 과제집착력을 기를 수 있는 준비가 됩니다. 스스로 꾸준하게 이런 방법으로 문제를 해결해 가는 과정에서 쌓인 과제집착력은 중등 수학 문제들을 풀어 나갈 수 있는 힘이 됩니다.

또 부모님께서 아이에게 문제를 풀 수 있는 다양한 수학적 전략을 소개해 주시는 것도 아이의 과제집착력을 키워 주는 데 도움을 줄 수 있습니다. 문제를 풀기 위해 이 방법 저 방법 시도해 보면 자연스럽게 문제에 몰입할 수 있는 여건이 만들어지기 때문입니다. 하지만 수학을 전공하지 않은 부모님이 정답지에 나온 방법 이외의 여러 가지 다른 전략들을 아이에게 제시해 주기는 현실적으로 어려움이 많습니다. 이 글 말미에 제가 딸에게 알려 주는 폴리아의 수학 문제 해결 전략을 읽어 보시고 참고하셔서 아이들에게 도움을 주시면 좋겠습니다. 또는 서점에서 시판되고 있는 미래엔에듀 출판사의 『문제 해결의 길잡이』라는 문제집이 문제 해결 전략들을 이용해서 문제들을 해결하는 과정들을 담고 있으므로 아이가 이 문제집을 풀어 보는 것도 하나의 방법이 될 수 있습니다.

초3, 4

아이가 초3이 되면 복습하면서 응용 문제집을 풀거나, 선택 활동에서 말씀 드린 사고력 수학 문제를 통해서 과제집착력을 수학 문제풀이 속에서 길러갈 수 있도록 조금씩 옮겨 가시면 됩니다. 복습 진도에 해당하는 응용 문제집을 풀면서 아이가 잘 모르는 문제가 두세 개 정도 있으면 응용 문제집을 이용해서 과제집착력을 길러 주시면 됩니다. 응용 문제집을 쉽게 해결하는 아이들은 부록(324페이지)에 실린 사고력 문제집을 참고하셔서 아이와 함께 서점에 들르시기 바랍니다. 다섯 문제 중에서 아이가 한두 개 정도 모르는 문제집을 구매하셔서 하루에 다섯 문제씩 일주일에 세 번 정도 앞서 알려 드린 방법으로 꾸준히 풀어 나가게 하면 과제집착력을 키워 줄 수 있습니다. 이때 중요한 것은 이 모든 과정이 아이를 설득하고 협상해서 아이의 동의 하에 진행되어야 한다는 것입니다. 그리고 긴 시간 고민하는 아이를 위해 반드시 부모님께서 여유와 격려로 함께해 주셔야 한다는 것입니다. 아이가 수학 문제를 잘 풀면 칭찬해 줄 사람들은 많지만, 아이가 수학 문제를 풀다 헤매고 있을 때 응원해 줄 수 있는 사람은 오직 부모님뿐입니다.

초5, 6

부모님의 든든한 지지는 고학년이 된 아이에게 응용 문제집과 함께 교과 심화 문제집을 풀어 나갈 수 있는 힘이 되어 줍니다. 5학년부터는 심화 문제집을 통해 과제집착력을 길러 주면서 점차적으로 문제 수를 아이의 수준에 맞게 늘려 가면 됩니다. 문제집을 풀면서 개념이 헷갈리는 부분은 교과서를 다시 읽어 보거나 참고 자료를 찾아보는 것도 좋습니다.

태어날 때부터 수학을 좋아하고 잘하는 아이들은 이 세상에 없습니다. 부단히 한 걸음씩 나아가다 보면 어느 순간 쑤욱 자라 있는 아이 실력을 보게 되는 순간이 옵니다.

현직 교사가 알려 주는 수학 문제 해결 전략 ✏

세계적인 수학자 폴리아는 저서 『How to Solve It?』에서 다양한 수학 문제 해결 전략을 소개했습니다. 전략의 수가 좀 많아서 전 포스트잇에 써서 딸아이 책상 앞에 붙여 놓았습니다. 부모님께서도 이 페이지에 포스트잇 플래그를 붙여 놓고 아이를 위해 필요하실 때마다 한 번씩 펼쳐 보시면 좋겠습니다.

1. 실제로 해 보기

아이들이 문제에 제시된 행동을 직접 수행하거나, 대상을 조작해 보는 활동입니다. 4학년 1학기 평면도형의 이동 단원의 문제를 풀면서 아이들에게 직접 모양 조각을 밀거나 뒤집거나 돌려볼 수 있도록 제안해 주면 됩니다. 실제로 해 보는 과정을 통해 시각화하는 것을 도와줄 수 있습니다.

2. 그림이나 도표 그리기

그림이나 도표 그리기 방법은 수학 문제를 풀 때 자주 쓰는 전략입니다. 문제를 이해하고 해결 계획을 세우는 데 단순화된 그림이나 도표만으로도 많은 도움을 받을 수 있기 때문입니다. 또 지문이 긴 수학 문제에서 그림이나 도표를 그려 보면 문제에 제시된 서로 다른 정보들을 좀 더 분명하게 드러나게 함으로써 정보들 사이의 관계를 쉽게 알 수 있습니다. 아이가 문제를 풀면서 접근 방법 자체를 모를 때에는 문제를 간단한 그림으로 표현해 보도록 제안해 주세요.

3. 규칙 찾기

규칙성 영역뿐만 아니라 다른 영역의 수학 문제에서도 규칙을 발견하고 설명할 수 있으며, 일반화하는 규칙 찾기 전략은 매우 중요합니다. 그림이나 수, 식에서 규칙을 찾을 수 있도록 아이에게 간단한 힌트를 주세요.

4. 표 만들기

문제에서 주어진 정보를 표로 만들면 아이들은 규칙을 쉽게 발견할 수 있고, 정보를 구조화할 수 있습니다. 많은 양의 정보들을 분류하기 위해서 표를 만들어 보는 것은 시간을 절약하는 효율적인 전략입니다. 교과서에서도 표를 만들어 보거나, 표의 빈칸을 채우는 활동들을 통해 표 만들기 전략을 아이들에게 가르칩니다. 100원짜리와 500원짜리 동전의 총 개수와 금액의 합이 주어졌을 때, 동전 각각의 개수를 구하는 문제와 비슷한 유형의 문제들은 표를 그려 보라고 말씀해 주세요.

5. 추측하고 확인하기

수학에서 추측하는 것은 다소 위험해 보일 수도 있지만, 수학의 중요한 정리들은 대부분 합리적인 추측으로부터 시작되었습니다. 논리적으로 설명 가능한 추측을 하기 위해서는 이전에 유사한 문제를 해결해 본 경험에서 얻은 지식들을 근간으로 창의적인 추론이 필요하기 때문에 누구나 쉽게 시도할 수 있는 전략은 아닙니다. 따라서 부모님께서는 아이들이 알고 있는 내용을 추측에 정교하게 통합할 수 있도록 도와주셔야 합니다. 어떤 수를 두 번 곱해서 2025가 될 때, 어떤 수를 추측하고 답을 찾았을 때의 기뽐을 아이들이 누릴 수 있도록 추측을 응원해 주세요.

6. 거꾸로 풀기

수학 문제 중에서 결과나 마지막 상태가 주어지고 아이들에게 처음 상태를 묻는 문제를 해결할 때는 거꾸로 풀기 전략을 사용합니다. 미로 문제나 '어떤 수'를 구하는 문제들은 대부분 거꾸로 풀어 나감으로써 문제를 해결할 수 있습니다. 때로는 아이가 결과로부터 하나씩 비밀을 찾아가는 탐정이 될 수 있도록 길을 안내해 주시기 바랍니다.

7. 단순화하기

단순화하기는 제가 딸과 수학 문제를 풀 때 가장 많이 사용하는 전략입니다. 50m 도로 양쪽에 시작점부터 끝점까지 1m 간격으로 가로등을 세울 때 필요한 총 가로등의 개수를 구하기 위해서 먼저 5m 도로에 필요한 가로등의 개수를 그림을 그려서 확인합니다. 큰 수는 아이들이 풀기 어렵기 때문에 작은 수로 단순화해서 규칙을 찾은 후, 큰 수도 작은 수로부터 유추해서 문제를 해결할 수 있습니다. 단순화된 문제를 해결하면서 얻게 된 통찰을 통해 어려운 문제도 동일한 방법으로 해결할 수 있게 되는 것입니다. 부모님께서도 유사하지만 더 간단한 문제를 아이가 해결해 볼 수 있도록 제안해 주시기 바랍니다.

성취감 수학을 위한 방법 2
노트 정리

초3, 4, 5, 6 응용 문제집 오답노트

초3이 되면 복습할 때 익힘책과 함께 아이들이 응용 문제집도 풀고 있을 것입니다. 응용 문제집을 푸는 목적은 교과서와 기본 문제집을 통해 정리한 개념이 문제에 어떻게 적용되는지 경험하기 위해서입니다. 그러다 보니 아이들이 문제집 풀 때 많이 틀릴 겁니다. 저도 아이 문제집을 채점할 때는 일부러 심호흡부터 하고 시작합니다. 부모님 몸에 사리를 만드는 시간이지만, 되도록 초등 시절에는 부모님이 문제집을 채점해 주는 것이 좋습니다. 아이의 수학 공부 상태를 가장 잘 파악할 수 있는 잣대가 되기 때문입니다. 문제집을 채점한 후 틀린 문제들을 보면 부모님께 고민이 생깁니다.

'왜 이렇게 맨날 틀리는 문제를 또 틀리는 것일까?'

'다시 풀면 맞는 문제를 처음부터 맞을 수는 없을까?'

'오답노트를 다들 쓰라던데 이렇게 쓰기 싫어하는 아이는 어떻게 해야 할까? 오답노트 쓰다가 수학까지 싫어지면 어떡하지?'

대부분 아이들의 상황이 비슷하기 때문에 부모님의 고민도 비슷합니다. 오답노트는 꼭 작성해야 할까요? 오랜 기간 학생들을 가르치면서 제가 내린 결론은 '필요하다'입니다. 하지만, 그 목적은 수학 문제 푸는 재미를 알게 해 주기 위한 것이기에 아이가 싫어한다면 다른 방법을 찾아보면서 때를 기다려야 합니다. 즉, 오답노트는 수학 공부의 목표가 아니라 성취감 수학을 향해 가는 하나의 수단이기 때문에 부모님께서 조급하게 생각하지 마시고 우리 아이에게 맞추어 작성하는 시기와 방법을 달리해 주시면 됩니다.

제가 오답노트가 필요하다고 생각하는 이유는 세 가지입니다.

첫째, 수학 공부를 할 때 자신이 틀린 문제를 다시 생각해 보고 이유를 스스로 인지하는 시간은 수학적 사고력을 발전시키는 중요한 과정이기 때문입니다. 사실, 문제집을 풀면서 맞은 문제는 어찌 보면 시간 낭비일 수 있습니다. 이미 아이 머릿속에 제대로 정리된 개념이기 때문입니다. 수학 문제를 풀면서 자신의 오개념을 발견하고 틀린 이유를 찾아서 수학 뇌를 지속적으로 성장시켜 나가는 것이 문제집을 푸는 이유입니다. 그 과정을 통해서 아이들은 자신이 아는 것과 모르는 것을 구별해 내는 메타인지 능력을 발전시킵니다. 궁극적으로는 자신이 수학 문제를 풀고 있는 과정을 위에서 내려다볼 줄 알게 됩니다. 수능 시험을 치르고 나올 때 이미 자신의 수학 점수를 어느 정도 비슷하게 예상할 수 있는 경지에 이르는 것입니다.

틀린 이유를 스스로 정확하게 인지하는 방법에는 말로 설명하거나, 노트에 정리하는 방법이 있습니다. 오답노트를 처음 시작할 때는 아이에게 틀린 이유를 말해 보도록 하는 것에서부터 시작하면 됩니다. 그러다가 차츰 오답노트를 기록하는 방향으로 향해 가야 하는 이유는 문제 난도가 높아질수록 자신이 틀린 지점을 말로 설명하는 과정 속에서는 찾기 어렵기 때문입니다. 논리적으로 문제를 풀어 나가는 흐름 속에서 눈으로 풀이 과정을 직접 확인해야 정확하게 틀린 이유가 인지됩니다. 기록을 통해 자신이 틀린 이유를 복습하는 그 과정에서 '왜 이렇게 맨날 틀리는 문제들을 또 틀리는 것일까?'라는 부모님들의 첫 번째 고민의 횟수가 점점 줄어들고 있다는 것을 어느 순간 인지하게 될 것입니다.

둘째, 오답노트를 통해 자신에게 부족한 수학적 아이디어만을 모을 수 있습니다. 100개의 수학 개념 중에서 90개를 알고 10개만 모르는 아이가 있다면 굳이 100개를 모두 공부할 필요는 없습니다.

시험 기간에는 100개를 공부할 시간도 없습니다. 자신이 모르는 10 개의 수학적 아이디어를 정리해 놓으면 짧은 시간 안에 복습할 수 있는 자신만을 위한 문제집이 되는 것입니다. 또 새로운 문제를 풀다가 막혔을 때 아이디어를 찾아볼 수 있는 맞춤형 수학 참고서가 될 수 있습니다. 아이의 수학 뇌 속에 저장되지 못했던 중요 내용들을 기록해 놓고 필요할 때마다 여러 번 꺼내어 쓰다 보면 서서히 오답노트의 양이 줄어들면서 아이의 수학 뇌 용량은 증가하게 됩니다. 이것이 바로 수학 문제 풀이 능력의 성장 과정입니다. 이에 따라 수학 성적도 향상된다는 걸 부모님은 확인하게 될 것입니다.

마지막으로, 오답노트 정리는 아이들이 수학 문제를 푸는 재미를 느낄 수 있는 좋은 기회가 될 수 있습니다. 자신이 틀렸던 문제를 깔끔하게 정리하면서 다시 풀어서 맞았을 때 느끼는 만족감은 잔뜩 꼬여 있던 실이 쫙 풀렸을 때의 쾌감을 느끼게 합니다. 한 장 한 장 쌓이는 자신의 수학 성장의 역사를 볼 때마다 뿌듯함이 느껴집니다. 예전에는 틀렸던 유형의 문제들을 오답노트 정리를 하고 나서 맞는 자신을 볼 때면 성취감을 만끽하게 됩니다.

우리 아이가 이 경지에 이르기 위해서는 많은 시간과 노력이 필요하지만 아이들은 쓰기 싫어하고 부모님은 고민합니다. 지금부터 이 고민을 해결할 수 있는 몇 단계의 방법을 알려 드리겠습니다. 단, 부모님께서 시도하시는 모든 행동들은 아이와 대화를 통해 서로 협의 하에 진행되어야 합니다. 물론 아이를 설득하는 과정을 포함합니다. 아이가 힘들어하면 여유 있게 때를 기다리시되 오답노트의 방향성은 알고 계셨다가 적절한 때에 한 번씩 제안해 주시면 됩니다. 초등 3학년부터 6학년까지 4년의 시간이 있습니다. 급하게 생각하지 마시고 천천히 아이의 속도를 존중하며 한 걸음씩 나가셔도 전혀 늦지 않습니다.

학습이 발생하는 원리를 연구한 행동주의 학습 이론 중에 조형 (shaping)이라는 행동 촉진 방법이 있습니다. 과거에 성공 경험이 거의 없는 아이에게 처음에는 아주 간단한 반응을 요구합니다. 발전해 가는 모습을 칭찬해 주면서 점점 더 정교하고 복잡한 반응을 습득할 수 있도록 점진적으로 목표에 접근해 가는 학습 이론입니다. 부모님들께서는 이전에 오답노트를 작성하지 않았던 아이들에게 조형 이론을 적용해서 순차적으로 성취감 수학을 향해 가도록 도와주실 수 있습니다.

오답노트 작성 단계

1단계: 부모님께서 채점을 하신 후 틀린 문제를 아이들이 다시 풀 때 연습장에 풀어볼 수 있도록 옆에 준비해 줍니다.

2단계: 다시 풀어서 맞은 문제는 틀린 이유를 아이에게 말해 보도록 합니다. 앞으로 비슷한 유형의 문제를 틀리지 않기 위해서 어떻게 하면 좋을지 대책을 함께 이야기 나눕니다.

3단계: 틀린 문제들 중에서 가장 마음에 드는 문제 하나를 골라서 오답노트에 정리합니다.

4단계: 오답노트에 문제를 하나씩 정리할 때마다 확인 후 잘했으면 스티커를 붙여 주시고 10개가 모이면 아이가 원하는 보상을 해 줍니다. 물론 열 문제를 함께 넘겨 보면서 칭찬도 많이 해 주시기 바랍니다.

5단계: 한 문제씩 오답노트 정리하는 것이 어느 정도 익숙해지면 다시 풀었을 때 한 번에 맞은 문제들을 제외하고, 두 번 이상 풀어서 맞은 문제들 중 두 문제를 골라서 정리합니다. 물론 다시 풀었을 때 모든 문제를 한 번에 다 맞혔다면 마음에 드는 두 문제를 골라서 정리하면 됩니다.

6단계: 두 문제씩 오답노트 정리하는 것이 편안해지면 틀린 문제들을 모두 오답노트에 정리합니다.

7단계: 오답이 적으면 오답노트에 정리할 것이 줄어들기 때문에 처음 풀 때부터 오답을 줄일 수 있도록 아이에게 연습장에 정리하면서 풀어 보라고 제안합니다. 오답이 나오지 않는 날은 스티커 3개를 붙여 주면서 오답노트 정리하는 시간에 아이가 하고 싶은 것을 마음껏 할 수 있도록 보상을 선물해 주세요. 단, 오답이 없는 날을 제외하고 오답노트를 쓰기 시작했으면 반드시 매일 쓸 수 있도록 지속성을 지켜 주셔야 합니다.

오답노트 작성 방법

그렇다면 7단계까지의 과정을 점진적으로 나아갈 때 오답노트는 과연 어떻게 작성해야 할까요? 아이들이 응용 문제집을 풀면서 오답노트를 작성할 때 기억해야 하는 것은 크게 세 가지입니다.

첫째, 풀이 과정은 되도록 간단하게 정리한다.
둘째, 틀린 이유를 분석하고 대책을 생각해 본다.
셋째, 기억해야 할 아이디어는 빨간색 볼펜으로 정리한다.

보기에 무척 어려운 것 같죠? 처음 한 달 정도만 아이에게 하는 방법을 구체적으로 알려 주시면 그 다음부터는 아이 혼자 할 수 있을 정도로 그렇게 힘든 과정은 아닙니다. 다만, 틀린 이유나 대책을 아이가 처음에는 잘 모를 수 있기 때문에 알려 드리는 예시를 참고하셔서 아이에게 물어봐 주세요. 기억해야 하는 아이디어 부분은 아이가 문제를 풀면서 미처 생각해내지 못한 내용이 있으면 적고, 없으면 그냥 넘어가면 됩니다.

응용 문제집을 구매하실 때 노트도 한 권 준비해 주시고, 오답노트에 문제는 따로 적지 않아도 됩니다. 문제를 채점한 후 아이들이 틀린 문제를 바로 오답노트에 정리하기는 힘들기 때문에 문제를 다시 풀 수 있는 충분한 시간을 주셔야 합니다. 다시 풀어서 정답이 맞았을 때 오답노트에 풀이를 정리하면 됩니다. 그 후 틀린 이유와 대책, 기억해야 하는 아이디어를 생각해 본 후 적을 수 있도록 도와주세요.

이해를 돕기 위해 4학년 1학기 디딤돌교육 출판사의 응용 문제집을 예로 들어 오답노트 작성한 것을 보여드리겠습니다.

2-2 문제

나눗셈의 몫이 12일 때, 0부터 9까지의 숫자 중에서 □ 안에 들어갈 수 있는 숫자는 모두 몇 개입니까?

$$4\square 2 \div 38$$

〈오답노트 작성 예시〉

(5)월 (10)일 (89)페이지

(2 – 2)번

4 □ 2 ÷ 38의 몫 : 12
□ : 0부터 9까지의 숫자
□안에 들어갈 숫자의 개수?

풀이)

4 □ 2를 38개씩 12명에게는 나눠 줄 수 있으므로
38 × 12 = 456보다는 큰 수
4 □ 2를 38개씩 13명에게는 나눠 줄 수 없으므로
38 × 13 = 494보다는 작은 수
따라서 462, 472, 482, 492 총 4개이다.

틀린 이유)

0부터 9까지 숫자를 하나씩 □에 넣어서 계산하다가 실수로 492를 빠뜨림.

대책)

숫자를 넣어 계산할 때는 모두 적은 후 하나씩 지우며 계산.

아이디어)

나눗셈 문제는 곱셈을 이용

틀린 이유와 대책 예시

틀린 이유	대책
계산 실수	연산 문제집 3문제 추가해서 풀기
문제 이해가 안 됨	문제를 낭독하고 혼자서 문제 설명해 보기
문제를 잘못 이해함	문제를 두 번 읽고 풀기 시작하기
풀이 과정을 모르겠음	막히는 부분을 찾아서 아이디어 내용 정리하기
헷갈림	비슷한 유형의 문제 3문제 더 풀기
개념을 모름	교과서 다시 공부하기
답 하나를 빠뜨림	풀이 과정 정리하고 검토하기
잘못된 규칙 예상	규칙이 모든 경우에 적용되는지 확인하기
집중력 저하	쉬는 시간 확보

위의 예시는 저희 딸의 경우를 참고하여 만들었기 때문에 보다 다양한 경우가 있을 것입니다. 특정한 양식이 있는 것은 아니어서 자유롭게 아이와 이야기를 나누며 틀린 이유를 생각해 보는 시간 자체가 중요합니다. 메타인지 능력을 높일 수 있고, 수학적 아이디어를 장기기억 속에 저장할 수 있는 좋은 방법이기 때문입니다.

오답노트를 작성한 후 비슷한 유형의 문제를 다음 번에 맞았을 때 아이들은 자신의 성장을 보게 됩니다. 바로 그때가 아이가 수학 문제를 풀면서 성취감을 느낄 수 있는 지점입니다. 물론 그곳까지 가는 데 오랜 시간이 걸립니다. 저는 비슷한 열 문제 정도의 오답을 정리하고 나서야 비로소 한 문제를 정확하게 풀 수 있었습니다. 초등에서 오답노트 정리하는 습관을 천천히 들이기 위해 노력해 주신다면 중등에서는 아이들이 충분히 성취감을 만끽할 수 있는 보람찬 시간이 다가올 것입니다.

아이 혼자 오답노트 작성이 힘들 때는? ✏

아이가 20분 이상 고민했는데도 문제를 풀 수 없을 때는 부모님의 도움이 필요합니다. 도움을 주는 단계는 다음과 같습니다.

1단계: 아이가 문제를 큰 소리로 낭독합니다.

2단계: 아이에게 구해야 하는 것이 무엇인지 묻습니다.

3단계: 아이에게 문제 설명을 부탁합니다.

4단계: 아이에게 어디까지 풀었는지 묻습니다.

5단계: 아이가 풀 수 있는 데까지 오답노트에 정리합니다.

6단계: 아이가 막힌 부분을 뚫어 줍니다. 아이가 막히는 이유는 크게 두 가지입니다. 알고 있는 내용을 머릿속에서 꺼내지 못하는 경우와 아예 머릿속에 풀 수 있는 정보가 없는 경우입니다. 전자는 부모님께서 발문을 통해, 후자는 설명을 통해 아이가 문제를 다시 풀어 볼 수 있게 도와주세요.

7단계: 오답노트를 정리합니다.

6단계의 아이에게 발문이 필요한 경우의 상황을 디딤돌교육 출판사의 4학년 1학기 응용 문제집을 이용해 예시로 제시합니다.

문제 18

12g의 열량이 180kcal인 시리얼이 있습니다.

이 시리얼 350g의 열량은 몇 kcal입니까?

아이 350이 12로 나누어 떨어지지 않아서 이 문제를 못 풀겠어요.

엄마 그럼 12g 대신 어떤 수가 오면 풀 수 있겠어?

아이 5g이나 2g이면 풀 수 있어요.

엄마 우리가 2g의 열량을 구할 수 있을까?

아이 12g이 180이니까 6g은 90이고 2g은 30이요. 아, 이제 풀 수 있을 것 같아요.

엄마 어떻게 풀 거야?

아이 350이 2의 몇 배인지 계산해서 30을 곱해요.

엄마 맞았어. 잘하네. 그럼 351g의 열량은 어떻게 구할 수 있을까? 2g이 30이라는 것을 알면 또 무엇을 알 수 있지?

아이 아하, 1g이 15니까 15랑 351이랑 곱하면 되겠어요.

엄마 그렇지. 350g 대신 351g도 계산하려면 12g을 가장 계산이 편한 1g로 바꾸면 좋아. 12g과 350g 사이의 관계에만 집중하지 말고 먼저 12g과 180kcal 사이의 관계를 간단한 1g을 기준으로 먼저 바꾸는 것이지. 그럼 어떤 무게든지 모두 열량을 구할 수 있겠지. 잘했어. 이제 오답노트 적어 볼래?

문제 풀이를 돕고, 부모님이 아이에게 적당한 발문을 하려면 부모님이 먼저 그 문제를 풀 수 있어야 합니다. 초등 수준의 문제라 해도 쉽게 해결 안 되는 문제들은 정답지를 참고하셔서 푸는 과정을 정확하게 숙지하시기 바랍니다. 그 후 아이가 정답을 향해 가는 방향으로 논리적인 생각의 흐름을 이어 나갈 수 있게 발문을 하시면 됩니다. 절대 처음부터 바로 푸는 방법을 알려 주지 마세요. 쉽게 얻은 건 쉽게 잃기 때문이죠.

보통 응용 문제집의 수학 문제들은 아이의 사고를 이끌어 낼 수 있는 발문이나, 여러 가지 문제 해결 전략들을 적용해 보는 과정을 통해 아이 스스로 문제를 해결할 수 있는 경우가 많습니다. 그 후 오답노트를 작성하면 됩니다. 하지만 적당한 발문이나 전략 적용이 어렵고, 20분이 넘도록 고민했으나 아이 혼자서 도저히 해결하기 어려운 문제들도 있습니다. 이런 경우에는 부모님께서 직접 푸는 방법을 설명해 주시거나, 담임 선생님께 여쭤 보고 이해를 한 후 오답노트를 작성할 수 있도록 도와주시면 됩니다. 물론 아이가 끝까지 혼자서 풀어 보겠다고 하는 경우에는 행복한 마음으로 기다려 주시면 됩니다. 긴 시간 혼자서 고민하며 결국 풀어낸 문제는 아이 삶에 닥치는 그 어떤 어려움이라도 이겨낼 수 있는 힘을 키워 줄 것입니다.

초5, 6 심화 문제집 문제 풀이 노트

마냥 어리게만 보였던 아이가 드디어 5학년이 되었습니다. 2부에서 말씀드렸듯이 초5부터는 본격적으로 중요하고 어려운 수학 개념들이 많이 나오기 때문에 여름방학 때 교과 심화 문제집도 풀어 보는 것이 좋습니다. 학기 중에 응용 문제집을 풀면서 오답노트를 작성했다면, 방학 중에 심화 문제집을 풀 때는 문제 풀이 노트를 마련해서 처음부터 노트에 정리하며 푸는 습관을 기르는 방향으로 아이를 이끌어 주시기 바랍니다. 물론 어제까지 문제집에 대강 풀다가 갑자기 오늘부터 노트에 깔끔하게 정리하면서 풀라고 하면 누구나 싫어할 것입니다. 오답노트 정리 방법 7단계에서 오답을 최대한 줄일 수 있게 연습장에 정리해서 풀어 보던 시도를 자연스럽게 문제 풀이 노트로 옮겨 올 수 있도록 해 주시는 것이 좋습니다. 연습장에 풀기 시작한 아이에게 부모님이 말합니다.

"우와, 이것 어떻게 맞았어? 어려운 문제를 풀다니 대단하다. 네 풀이 과정을 배우고 싶으니까 알아볼 수 있게 정리해서 풀어 줄 수 있겠어?"

열 번 정도 부탁한 후 연습장에 문제를 정리하며 풀기 시작한 아이에게 부모님은 또 말합니다.

> "풀이 과정 정리를 정말 잘하네. 그런데 문제 내용을 모르겠어. 처음에 문제 풀기 시작할 때 문제를 간단하게 요약해서 쓰고 풀이를 시작해 주면 정말 고맙겠어."

문제를 요약해서 정리하는 방법을 스무 번 정도 알려 주고 부모는 마지막 목표를 향한 전략을 실행합니다.

> "이렇게 멋진 문제 풀이를 저렇게 허접한 연습장에 남겨 둘 수는 없어. 우리 ○○를 위해 멋진 문제 풀이 노트를 준비했어. 너의 수학 업적들을 앞으로는 이곳에 남기자. 나중에 유클리드의 『원론』처럼 유명한 책으로 전해질지도 몰라. 후대 사람들을 배려해서 글씨는 조금 더 예쁘게 써 보자. 어때?"

물론 부모님의 의도를 아이가 눈치채지 못하게 하는 센스는 발휘하셔야 합니다. 여러 가지 일로 피곤한 부모님들께서 이런 낯간지러운 노력까지 해야 하는 이유는 크게 네 가지입니다.

첫째, '다시 풀면 맞는 문제를 처음부터 맞힐 수는 없을까?'라는 고민을 해결해 주는 길이기 때문입니다. 아이들이 문제를 정리해서 푸는 습관을 들이게 되면 현저하게 실수가 줄어든다는 것을 문제 풀이 노트 작성을 시작한 3개월 후에 꼭 확인해 보시기 바랍니다.

둘째, 수학 문제를 노트에 정리하면서 푸는 습관은 중등 수학에서 꼭 필요한 논리력을 키워 주기 위한 좋은 방법입니다. 예를 들어 정다각형의 둘레를 구하는 방법을 식으로 나타내기 위해서 다음과 같이 정리할 수 있습니다.

> 정다각형의 둘레는 각 변의 길이를 모두 더하면 된다.
> 정다각형은 모든 변의 길이가 같다.
> 따라서, 정다각형의 둘레 = (한 변의 길이) × (변의 수)이다.

이처럼 한 문제를 풀기 위해서 한 줄 한 줄 적어 내려가다 보면 윗줄과 아랫줄 사이의 논리적인 전개를 검토할 수 있습니다. 또한 논리적 흐름을 눈으로 직접 확인하면서 문제 해결의 실마리를 찾을 수도 있기 때문에 수학 문제를 정리하면서 푸는 습관은 중요합니다.

셋째, 심화 문제집은 난도가 높은 문제들로 구성되어 있기 때문에 풀이 과정이 길고 복잡해서 아이들이 풀지 못하는 문제들이 많습니다. 아이들이 한 문제를 못 푼다고 하면 그 문제의 모든 내용을 모르는 것이 아니라, 어떤 지점이 막혀서 그 문제를 해결하지 못하는 경우가 많습니다. 노트에 차근차근 풀이 과정을 정리하다 보면 자신이 어떤 부분에서 막혔는지를 눈으로 확인할 수 있습니다. 막힌 부분을 뚫어 주는 것이 수학 공부의 핵심이기 때문에 그 부분을 발견할 수 있는 문제 풀이 노트를 통해서 수학 실력을 향상시킬 수 있습니다.

넷째, 문제 풀이 노트를 작성하는 습관은 중등 수학 수행 평가나 지필 서술형 평가를 볼 때 답안을 빠른 시간 내에 정리할 수 있는 역량을 키워 줍니다. 예전에는 단순히 답만을 묻는 수학 시험들이 많았다면 요즘에는 점차적으로 풀이 과정을 함께 기술하라는 평가들이 늘어나는 추세입니다. 수학 실력이 아무리 뛰어난 학생이라도 평소에 풀이 과정을 정리해서 푸는 연습이 안 되어 있다면 갑자기 답안을 작성해야 하는 상황에 제대로 실력을 발휘하기 어려울 수 있습니다. 더불어 수능 시험을 볼 때도 빠른 시간 내에 문제를 정리하면서 풀 수 있기 때문에 계산 실수를 줄일 수 있고, 검토할 수 있는 시간도 단축되어 높은 점수를 받을 수 있습니다.

하지만 이 모든 이유를 막론하고 문제풀이 노트를 작성하는 가장 중요한 목적은 우리 아이들이 문제를 정리하면서 푸는 과정에서 수학 공부의 재미와 뿌듯함을 느끼는 데 있습니다. 자신들이 쌓아 온 업적들을 한 장 한 장 넘기며 성취감을 느끼는 데 있습니다. 결과로 주어지는 성적이 아닌, 수학 문제를 풀기 위해 노력한 과정의 흔적들을 즐길 수 있도록 도와주는 것이 핵심입니다. 따라서 처음부터 절대 많은 양의 문제를 풀지 않게 하면 좋겠습니다. 하루에 5문제 정도면 충분합니다. 아이 속도에 맞게 적당한 양을 예습 진도표처럼 만들어 주시고, 매일 아이가 풀 수 있도록 도와주시면 됩니다.

그럼, 심화 문제집 문제 풀이 노트는 어떻게 작성해야 할까요?

수학 개념을 노트에 정리할 때도 마찬가지지만 저는 천 명의 학생들이 있으면 천 개의 노트 정리 방법이 있다고 믿는 사람입니다. 즉, 개념노트를 정리하거나 문제집을 풀 때 가장 좋은 방법이라는 정답이 있는 것이 아니라, 우리 아이에게 맞는 가장 좋은 방법을 찾아가는 과정인 것입니다. 그 과정에 제가 지금부터 알려 드리는 방법들을 시도해 보셨으면 하는 마음입니다. 수학을 좋아하고 높은 성적을 받는 학생들을 관찰하면서 발견한 보석 같은 방법들이기 때문입니다.

문제 풀이 노트를 작성할 때는 되도록 한 페이지에 한두 문제 정도씩만 풀면서 여백을 많이 남겨 두세요. 아이가 풀다가 못 푼 문제는 문제 풀이 노트에 바로 오답노트처럼 정리하면 됩니다. 문제는 쓰지 않아도 되지만, 간단하게 문제를 요약하여 정리한 후 풀이 과정을 바로 써 내려갑니다. 그날 분량을 모두 풀면 바로 채점하고, 틀린 문제는 여백에 다시 풀어봅니다. 그 후 오답노트에서 했던 방법으로 틀린 이유, 대책, 기억해야 할 아이디어를 적습니다. 틀린 문제들 중에서 중요하다고 생각하는 문제들은 문제집에 별 표시를 남겨 시험 때 복습합니다. 백문이불여일견이라 디딤돌교육 출판사의

5학년 2학기 심화 문제집을 이용해서 문제 풀이 노트 작성하는 방법을 보여드리겠습니다.

문제 10

A, B, C 세 단지로 나뉘어진 공장이 있습니다. A와 B 단지의 평균 수돗물 사용량은 41t, B와 C 단지의 평균 수돗물 사용량은 46.5t, C와 A 단지의 평균 수돗물 사용량은 29.5t입니다.

A, B, C 세 단지의 수돗물 사용량이 각각 몇 t인지 구하시오.

〈문제 풀이 노트 작성 예시〉

10. A, B 평균: 41
    B, C 평균: 46.5
    C, A 평균: 29.5일 때 A, B, C 구하기

풀이)

$(A + B) \div 2 = 41$
$(B + C) \div 2 = 46.5$
$(C + A) \div 2 = 29.5$이므로
$A + B = 82$
$B + C = 93$
$C + A = 59$이다.
위의 세 식을 모두 더하면 A가 2개, B가 2개, C가 2개이므로

(A + B + C)×2 = 234이고, A + B + C = 117이다.

A + B = 82 이므로 C = 35

B + C = 93 이므로 A = 24

C + A = 59 이므로 B = 58

따라서 A = 24t, B = 58t, C = 35t

다음은 디딤돌교육 출판사의 5학년 1학기 심화 문제집에 있는 문제를 문제 풀이 노트에 정리하다가 못 푼 경우 오답노트를 함께 작성한 예시입니다.

문제 4

다음 그림과 같이 정사각형 ㄱㄴㄷ
ㄹ과 마름모 ㄴㅁㄹㅂ을 그렸습니
다. 마름모 ㄴㅁㄹㅂ의 한 대각선의
길이가 16cm이고, 정사각형 ㄱㄴ
ㄷㄹ의 넓이가 288cm²일 때, 색칠
한 부분의 넓이는 몇 cm²입니까?

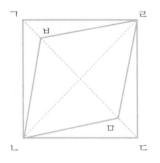

〈문제 풀이 노트 작성 예시〉

4. 정사각형 넓이: 288

　　마름모 한 대각선 길이: 16

　　색칠한 부분의 넓이 구하기

풀이)

색칠한 부분의 넓이 = 288 - 마름모의 넓이

마름모의 한 대각선 길이가 16이므로 나머지 대각선의 길이를 알면
넓이를 구할 수 있다.

선분ㄴㄹ과 선분ㅁㅂ 둘 중의 하나가 16이다.

...

더 이상 풀지 못하고 막힘.

오답풀이)

정사각형은 마름모이므로

정사각형의 넓이는 마름모의 넓이 구하는 공식을 이용하면

대각선 길이 × 대각선 길이 ÷ 2 = 288

대각선 길이 × 대각선 길이 = 576

두 수를 곱해서 576이 나오려면 20(두 수의 곱 400)보다는 크고 30(두
수의 곱 900)보다는 작은 수이다.

21부터 두 수를 곱해서 576이 되는 수를 찾으면 24이다.

따라서 정사각형 대각선의 길이는 24cm이다.

선분 ㄴㄹ이 24cm이면, 선분 ㅁㅂ은 16cm이므로

마름모의 넓이는 24 × 16 ÷ 2 = 192
색칠한 부분의 넓이는 288 − 192 = 96
따라서 답은 96cm^{2}이다.

틀린 이유)

정사각형의 대각선과 넓이를 연결해서 생각하지 못함.

대책)

도형 심화 문제 2문제 더 풀기

아이디어)

정사각형은 마름모이기 때문에 마름모의 넓이 구하는 공식이
정사각형에도 성립한다.

아이의 성향과 심화 문제의 종류에 따라 문제 풀이 내용은 얼마든지 달라질 수 있습니다. 중요한 것은 정리한 풀이를 아이가 논리적으로 설명할 수 있고, 다른 사람이 보았을 때 이해할 수 있으면 됩니다. 아이가 문제 풀이 노트를 처음 작성하는 2주 정도는 부모님께서 꼼꼼하게 확인하신 후 궁금한 점이 있으면 아이에게 그날 바로 물어보는 것이 좋습니다. 글씨도 되도록 정성스럽게 쓸 수 있도록 격려해 주세요. 그 속에서 문제 푸는 재미가 쏙쏙 쌓인답니다.

심화 문제집 한 단원을 모두 풀면 문제 풀이 노트를 참고해서 문제 풀이 노트에 아이가 직접 그 단원의 문제를 출제해 보는 것도 아주 좋은 방법입니다. 부모님께서는 아이가 출제한 문제를 풀면서 무조건 어려워하는 모습을 보여 주세요. 부모님이 잘 풀지 못하는 모습을 보면서 아이는 기쁜 동질감을 느낄 수 있고, 문제를 출제하면서 출제자의 의도를 파악할 수 있는 힘을 키울 수 있습니다. 물론 처음에는 이상한 문제도 많고, 대부분의 문제들이 숫자만 바꾸었을 가능성이 높습니다. 그러나 그 어설프고도 작은 시도들 속에서 우리 아이의 성취감 수학은 조금씩 커가고 있습니다.

제가 지금까지 만났던 수학을 잘하는 학생들의 대부분은 문제집을 정리하며 푸는 그들만의 수학 노트가 있었습니다. 이는 수학 공부의 역사였고 업적이었으며 자랑이었습니다. 그 학생들은 하나의 수학 문제를 노트에 정리하며 풀 때의 재미와 성취감으로 수학 공부를 즐기고 있었습니다. 물론 수학 성적도 높았지만 그 결과를 좇는 것이 아니라 과정 속에서 행복했습니다. 수학 문제가 무섭고 부담되는 스트레스가 아니라, 문제의 마음을 읽어 가는 자신감이 있었습니다. 그리고 그곳까지 아이를 안내해 주고자 부단히 애쓰신 부모님이 계셨습니다. 우리 아이의 초등 수학 공부를 돕기 위해서 늘 우리 아이가 어떻게 하면 수학 문제 푸는 맛을 느낄 수 있을지를 고민하시는 멋진 부모님들을 존경합니다.

계산에서 자꾸 실수하는 아이, 어쩌죠?

아이의 수학 문제집을 채점할 때 부모님께서 가장 화가 많이 올라오는 순간이 바로 계산 실수 부분이 아닐까 싶습니다. 어려운 문제는 어렵기 때문에 틀려도 충분히 이해가 됩니다. 그런데 우리는 왜 아이가 계산 실수하는 것은 받아들이기 힘들까요? 10분 이상 고민해서 어렵게 해결한 문제를 마지막에 계산 실수로 답이 틀리면 그때처럼 억울하고 안타까운 순간이 없을 것입니다. 수학에서 계산 실수는 그동안의 모든 노력을 무력화시키는, 젠가 게임에서 탑을 무너뜨리는 블록 같은 존재입니다. 아이가 어렸을 때부터 연산 문제집은 매일 빠뜨리지 않고 풀면서 정성껏 준비한 결과가 지속적인 계산 실수라면 부처님이 부모님이라도 화가 날 것입니다. 거기에 더해 집중하지 않고 대강 푸는 모습이라도 보이면 우리는 누구나 분노라는 감정과 맞닥뜨리게 됩니다.

보통 계산은 어려운 과정이 아니기 때문에 아이들이 당연히 맞아야 한다고 부모님들은 생각하십니다. 그러나 생각보다 계산은 쉽지 않습니다. 엄청난 집중력과 체계적인 연습이 필요합니다. 틀리는 것이 부족한 것이 아니라, 맞는 것이 대단한 것이라고 칭찬해 주셔야 합니다. 그만큼 아이도 부모님도 인내심이 필요한 정신 도야의 도구가 바로 '계산'입니다. 한두 번은 넓은 아량으로 넘어갈 수 있지만, 계속되는 계산 실수는 부모님과 아이와의 좋은 관계 유지를 위하여 반드시 다음 내용들을 확인하고 넘어가시기 바랍니다.

첫째, 계산은 반드시 정리해서 푸는 습관을 길러야 합니다. 보통 연산 문제집은 계산 과정이 눈에 보이도록 공간이 확보되어 있습니다. 그러나 일반적으로 다른 문제집은 계산을 위한 공간이 따로 없기 때문에 아이들이 계산을 알아볼 수 없는 형태로 적기 마련입니다. 노트에 따로 정리하지는 않더라도 언제든지 틀린 부분을 찾아낼 수 있도록 문제집 여백에 깔끔하게 정리하면서 풀 수 있도록 알려주세요. 계산이 틀렸을 때는 처음에 풀었던 계산 위에 색볼펜으로 틀린 부분을 제대로 고칠 수 있도록 습관을 길러 주면 됩니다.

둘째, 연산 문제집을 풀 때 처음부터 많은 양을 빠른 시간에 푸는 것이 아니고, 적은 양을 천천히 정확하게 푸는 연습부터 시작해야 합니다. 계산 실수는 주로 빨리 푸는 습관에서 생기는 경우가 많습니다. 초3 때까지는 하루에 다섯 문제를 풀더라도 정확하게 풀 수 있게 집중할 수 있는 환경을 만들어 주셔야 합니다. 열흘 연속 정확도가 100%일 때 일곱 문제, 열 문제, 한 페이지 이렇게 늘려 가면 됩니다. 단, 이때 아이와 상의해서 아이가 동의하는 범위까지만 문제 수를 늘려야 합니다. 자신이 선택하지 않은 행동에는 급격하게 집중력이 저하되기 때문입니다. 한 달 동안 연산 문제집 정확도가 100%를 달성하면 아이가 원하는 작은 보상을 해 주는 것도 추천합니다. 정확하게 푸는 연습을 지속적으로 하다 보면 자연스럽게 속도는 빨라집니다. 계산에서 자꾸 실수하는 아이에게는 속도보다는 정확도를 늘 강조해 주시기 바랍니다.

셋째, 부모님께서 문제집을 채점하기 전에 아이에게 먼저 틀렸을 것 같은 문제를 고르게 한 후 그 문제를 검토하는 과정을 가지면 좋습니다. 계산에서 실수가 생기는 것은 자신의 계산 과정을 위에서 내려다 볼 수 있는 눈과 집중력이 부족하기 때문입니다. 틀렸을 것 같은 문제를 고르는 중에 메타인지 능력을 키울 수 있고 검토해야 하는 문제가 생길 수 있다는 긴장감에서 집중력을 기를 수 있습니다. 가끔씩 검토하는 과정 속에서 자신의 계산 실수를 찾아내는 대견함을 발휘한다면 아이를 많이 칭찬해 주세요. 아이가 틀린 문제가 없다고 확신한 날에 모든 문제를 맞히게 되면 따뜻하게 안아 주세요. 실수하고 싶어서 일부러 틀리는 아이는 없답니다.

　많은 고등학생들을 가르치면서 보니까, 수학 개념을 몰라서 수학 문제를 못 푸는 경우는 많아도 계산 실수 때문에 수학 점수를 잘 받지 못한 경우는 그리 많지 않았습니다. 다시 말하면 아이들이 성장하면서 점차 계산 실수도 줄어들고 교육과정에서도 초등 때처럼 많은 계산을 요구하지 않습니다. 따라서 우리 아이가 계산에서 자꾸 실수가 반복되는 것을 너무 크게 걱정하지 않으셔도 됩니다. 우리는 살면서 숱한 실수 속에서 배워 갑니다. 우리 아이들도 많은 계산 실수 속에서 자신을 가다듬고 바라보는 방법을 배우게 됩니다. 초등 때는 아이가 실수해도 마음껏 기다려 줄 수 있는 여유를 가지고 제가 말씀 드린 방법들을 아이와 함께 해 보셨으면 좋겠습니다. 수학 공부를 하면서 가장 중요한 것은 많은 계산 실수 속에서도 우리 아이가 실수한 자신을 미워하지 않고 시지프스처럼 다시 시작해 볼 수 있는 힘을 키워 나가는 것이라고 저는 믿습니다.

초등 아이의 웃음

교육 현장에서 만났던 수많은 고3 부모님의 후회의 눈물이 이 책을 쓰게 된 중요한 시작점이었습니다. 아이 수학 공부를 너무 열심히 시키느라 정작 어디로 가고 있는지 생각할 겨를조차 없는 초등 부모님들께 고3의 끝을 보여드리고 싶었습니다. 수학은 여러 번 반복하는 것보다 한 번 제대로 깊이 있게 공부하는 것이 훨씬 더 중요하다는 걸 알려 드리고 싶었습니다. 그러나 그 모든 걸 다 못 전한다 해도 제가 초등 부모님들께 꼭 남겨 드리고 싶은 마음의 소리 한 조각이 있습니다.

좋은 수학 교사가 되고자 했던 욕심 많은 제게 아이가 태어났고, 전 아이에게 수학 교육을 정말 잘해 주고 싶었습니다. 거의 3년 동안 아이의 초등 수학 교육을 위해 밤낮으로 공부했던 시간이 있었습니다. 그러나 아이가 고학년을 향해 가는 지금, 제가 준비했던 성대했던 수학 교육 플랜의 30% 정도밖에는 선물해 줄 수가 없었습니다. 왜 그랬을까요?

아이가 초등학교 2학년 때 일입니다. 평소에 눈여겨보던 수학 경시대회가 있었습니다. 창의적인 수학 문제 해결력을 다루는 대회라 아이가 한 번쯤 도전해 본다면 의미 있는 경험이 될 것 같았죠. 기출 문제를 출력해 조금씩 풀어 보게 하면서 대회를 준비하고 수학적 문제 해결력을 키워 주기 위해서 나름 노력했습니다. 수상의 부담 없이 편안하게 시험을 치르고 큰 기대 없이 결과를 확인했습니다. 그런데 살면서 이리 기쁜 일이 또 있을까요? 엄청난 아이들 속에서 저희 딸이 동상을 수상했다는 믿지 못할 성적표를 받은 겁니다. 그때의 기쁨은 제 대학 합격 소식을 들었던 때보다 더 컸던 것으로 기억합니다. 학교에 간 딸을 기다리며 이 멋진 소식을 전할 생각에 마음이 설레고 머릿속에서는 여러 가지 생각이 스쳐갔습니다.

'우리 딸이 자기가 수학을 잘한다는 생각에 얼마나 자신감이 쑥쑥 오를까? 상장 받으면 카카오톡 프로필 사진에도 올려야지. 딸이 친구들에게도 자랑하겠지?'

갖가지 생각들로 행복한 미소를 지으며 하교한 아이에게 깡충깡충 달려나가 기쁜 소식을 전해 줬습니다. 하지만 전 아이의 한 마디에 그날 밤 쉽게 잠을 이루지 못했습니다.

"엄마가 기뻐하니까 저도 좋아요. 하지만 그렇게 기쁘진 않아
요. 제가 꼭 상을 받았으면 하는 대회는 아니었거든요."

그때 알았습니다. 이 아이는 저와 다른 사람이라는 것을요. 부모
가 되면서 참 어려운 것이 자식이 나와 다른 생각을 가진, 다른 존
재라는 것을 잊지 않아야 한다는 거죠. 하지만 현실은 내가 기쁘면
아이도 기쁘고, 아이가 슬프면 나도 슬퍼집니다. 아이가 수학을 못
하면 부모가 괴롭고, 부모가 수학 공부 준비를 해 주지 않으면 죄책
감을 갖게 되는 시대를 우리는 살고 있습니다. 그리하여 우리들은
초등 수학 교육의 방향성과 더불어 아이의 마음을 보지 못하는 지
금을 살고 있습니다. 아이의 밝은 웃음보다는 아이의 빠른 수학 진
도와 경시대회 상장이 더 큰 삶의 만족이 되어 버렸습니다. 수학 교
육 현장에 있는 제가 그러할진대 수학이라는 세계가 낯선 부모님은
아이의 수학 공부가 더 불안할 것입니다. 그 불안이 이 책을 통해
조금은 녹아 내릴 수 있기를 간절히 바랍니다. 그리고 그동안 불안
과 싸우느라 소진되었던 에너지를 우리 아이의 생각과 마음을 읽는
시간으로 채웠으면 하는 바람입니다. 아이가 진심으로 원하는 것이
무엇인지, 어떻게 수학 공부를 하는 것이 우리 아이가 수학과 친해
질 수 있는 방법인지 고민하는 부모님이 많아졌으면 하는 소망입니
다. 정답이 밖에 있지 않음을 알고, 아이를 보며 준비했던 많은 수

학 교육들을 버릴 수 있었던 용기, 아이의 작은 수학 실패들을 눈물을 삼키며 지켜볼 줄 아는 의연함이 초등 수학 교육에서 가장 중요한 것임을 오랜 시간이 지난 뒤에야 깨달았기 때문입니다. 나와는 다른 아이의 생각도 충분히 존중해 주면서 천천히 뚜벅뚜벅 함께 웃으며 걸어가셔도 절대 늦지 않습니다.

우리 아이들은 앞으로 학창 시절을 보내면서 수많은 좌절 앞에 놓일 것입니다. 미친 듯이 공부해도 안 오르는 수학 점수 때문에 자신에게 실망하는 순간들을 만날 것입니다. 그때 끝까지 포기하지 않고 갈 수 있는 힘은 절망스러운 순간마다 꺼내 볼 수 있는 부모님과의 행복했던 초등 시절의 기억입니다. 우리 아이들의 초등 시절은 무조건 행복해야 합니다. 우리 아이가 수학을 잘해서 인정해 주는 것이 아닌, 부모님에게로 와 줘서 고맙다는 마음을 전해 줄 수 있을 때 우리 아이들은 행복한 초등 시절을 보낼 수 있습니다. 이 책을 통해 많은 초등학생들이 웃을 수 있는 대한민국을 꿈꿉니다.

부록

초1, 2 추천 수학 동화

연번	제목	내용	저자	출판사
1	수똑똑 수학동화	전집		한국헤르만헤세
2	개념연결 만화 수학교과서 1~6	전집		비아에듀
3	스토리텔링 수학동화 1~6	전집		예림당
4	수학식당 1, 2, 3	수학 개념	김희남	명왕성은 자유다
5	자신만만 1학년 기초 수학	수학 개념	이혜옥	아이즐북스
6	견우와 직녀가 분수때문에 싸웠대	분수 개념	이안	뭉치
7	쉿! 신데렐라는 시계를 못 본대	시계 읽기	고자현	뭉치
8	떡장수 할머니와 호랑이는 구구단을 몰라	곱셈, 나눗셈	이안	뭉치
9	알쏭달쏭 알라딘은 단위가 헷갈려	단위	황근기	뭉치
10	분수놀이	분수 개념	로렌 리디	미래아이
11	분수와 소수	분수 개념	로지 디킨스	어스본 코리아
12	수학아 수학아 나 좀 도와줘1	수학 개념	조성실	삼성당
13	할까 말까?	경우의 수	김희남	한솔수북
14	수학대왕이 되는 놀라운 숫자이야기	숫자	데니스 슈 만트-베 세라트	미래아이
15	나도 수학 좀 좋아해 볼까?	생활 속 수학	베서니 바튼	토토북
16	신통방통 표와 그래프	표와 그래프	서지원	좋은책어린이
17	커졌다 작아졌다 콩나무와 거인	길이와 비율	앤 매캘럼	주니어김영사
18	수학이 정말 우리 세상 곳곳에 있다고?	생활 속 수학	후안 사비아	찰리북
19	큰달 작은달 달력의 비밀	달력 속 수학	이케가미 준이치	한솔수북
20	수리수리마수리 암호 나라로!	규칙성	고희정	토토북

초3, 4 추천 수학 도서

연번	제목	내용	저자	출판사
1	Why? 수학	전집	예림당	
2	수학 유령 시리즈	전집	글송이	
3	선생님도 놀란 수학뒤집기 기본편	전집	성우주니어	
4	몬스터 마법수학 시리즈	전집	경향에듀	
5	분수의 변신	분수	에드워드 아인혼	키다리
6	베드타임매쓰 1, 2, 3	수학 퀴즈	로라 오버덱	미래엔아이 세움
7	초등 선생님이 콕 집은 제대로 수학개념 3~4학년	수학 개념	장은주 외	다락원
8	사각형: 수학, 과학, 자연에서 찾는 도형	일상 속 도형	캐서린 셀 드릭 로스	비룡소
9	수학 영재들 지구를 지켜라	수학적 사고력	김성수	주니어김영사
10	플라톤 삼각형의 비밀	삼각형	김성수	주니어김영사
11	수학아 수학아 나 좀 도와줘 2	수학 개념	조성실	삼성당
12	수학을 사랑한 아이	수학자 폴 에어디쉬	데보라 하 일리그먼	봄나무
13	돼지 삼총사 아슬아슬 수학 소풍	수학적 사고력	로베르트 그리스벡	다림
14	왕코딱지의 만점 수학	수학 원리	서지원	처음주니어
15	초등학생을 위한 멘사 수학 퍼즐	수학 퍼즐	해럴드 게일 외	바이킹
16	평면도형이 운동장으로 나왔다	평면도형	김지연	생각하는 아이지
17	분수와 소수가 우리 집으로 들어왔다	분수와 소수	황혜진	생각하는 아이지
18	나누기, 수학책을 탈출하다	나누기	장경아 외	생각하는 아이지
19	반갑다 논리야	논리력	위기철	사계절
20	어린이를 위한 통계란 무엇인가	통계	신지영 외	주니어김영사

초5, 6 추천 수학 도서

연번	제목	내용	저자	출판사
1	선생님도 놀란 수학뒤집기 심화편	전집	성우	
2	수학자가 들려주는 수학이야기	전집	자음과 모음	
3	수학 소년, 보물을 찾아라!	수학적 사고력	김용세	주니어김영사
4	12개의 황금열쇠	비례식	김용세	주니어김영사
5	피타고라스 구출작전	피타고라스정리	김성수	주니어김영사
6	탈레스 박사와 수학영재들의 미로 게임	배수, 약수	김성수	주니어김영사
7	함정에 빠진 수학	수	권재원	주니어김영사
8	그러니까 수학이 필요해	수학의 쓸모	로뱅 자메	노란상상
9	양말을 꿀꺽 삼켜버린 수학 2	도형	김선희	생각을 담는 어린이
10	세상 밖으로 날아간 수학	수학 개념	이시하라 기요타카	파란자전거
11	분수, 넌 내 밥이야!	분수 계산	강미선	북멘토
12	원	일상 속 도형	캐서린 셸드릭 로스	비룡소
13	초등 선생님이 콕 집은 제대로 수학개념 5~6학년	수학 개념	장은주 외	다락원
14	단위와 비 이야기	단위와 비	세리자와 쇼조	지브레인
15	수학이 수군수군	수학 이야기	샤르탄 포스키트	주니어김영사
16	숫자도깨비	소인수분해	리차드 이반 슈바르츠	지양어린이
17	과학공화국 수학법정 4	비와 비율	정완상	자음과모음
18	황금비 수학동화	황금비	함기석	처음주니어
19	이런 수학은 처음이야	도형	최영기	21세기북스
20	수학 귀신	수학 원리	한스 마그누스	비룡소

기본–응용–심화 수학 추천 문제집

추천해 드리는 문제집 두 종류 중에서 아이가 더 좋아하는 것으로 선택하시면 됩니다.

초등 기본 문제집
개념이 쉬워지는 생각수학(시매쓰출판)
큐브수학S개념(동아출판)

초등 응용 문제집
디딤돌 초등수학 기본 + 응용(디딤돌 교육)
자이스토리 초등 수학(수경출판사)

초등 심화 문제집
최상위 초등수학S(디딤돌 교육)
문제해결의 길잡이 심화 수학(미래엔)

초등 사고력 문제집
최상위 사고력 초등(디딤돌 교육)
영재사고력 수학 1031(시매스출판)

분수 개념 문제집
분수비법 개념편(하우매쓰앤컴퍼니)
초등 분수 개념이 먼저다(키출판사)

중1 기본 문제집
숨마쿰라우데 중학수학 개념기본서(이룸이앤비)
커넥트 수학 중등수학(매스노트)

중1 응용 문제집
개념원리 문제기본서 RPM(개념원리)
개념 + 유형 중등수학(비상교육)

중1 심화 문제집
일품 중등수학 1 450제(좋은책신사고)
블랙라벨 중학 수학(진학사)

각 학기별 예습 진도표

초등학교 2학년 겨울방학 3-1 예습 진도표

날 수	예습 날짜	영역	목차	교과서 쪽수진도표	확인
1				목차, 10–15	
2			1. 덧셈과 뺄셈	16–19	
3				20–21	
4				52–53	
5			3. 나눗셈	54–55	
6				56–61	
7		수와 연산		70–73	
8			4. 곱셈	74–77	
9				78–79	
10				112–113	
11				114–117	
12			6. 분수와 소수	118–121	
13				122–125	
14				126–129	
15				30–33	
16		도형	2. 평면도형	34–37	
17				38–43	
18				88–93	
19		측정	5. 길이와 시간	94–97	
20				98–101	

초등학교 3학년 여름방학 3-2 예습 진도표

날 수	예습 날짜	영역	목차	교과서 쪽수진도표	확인
1				목차, 10–11	
2			1. 곱셈	12–15	
3				16–19	
4				20–23	
5				34–37	
6				38–41	
7		수와 연산	2. 나눗셈	42–45	
8				46–49	
9				50–51	
10				78–81	
11			4. 분수	82–83	
12				84–87	
13				88–89	
14		도형	3. 원	60–63	
15				64–69	
16				98–103	
17		측정	5. 들이와 무게	106–113	
18				104–105 114–115	
19		자료와 가능성	6. 자료의 정리	124–129	
20				130–135	

초등학교 3학년 겨울방학 4-1 예습 진도표

날 수	예습 날짜	영역	목차	교과서 쪽수진도표	확인
1				목차, 10-13	
2			1. 큰 수	14-19	
3		수와 연산		20-25	
4				62-65	
5			3. 곱셈과 나눗셈	66-67	
6				68-71	
7				72-75	
8				36-41	
9			2. 각도	42-45	
10				46-49	
11		도형		50-53	
12				84-87	
13			4. 평면도형의 이동	88-91	
14				92-95	
15				96-99	
16		자료와 가능성	5. 막대그래프	110-113	
17				114-117	
18				130-133	
19		규칙성	6. 규칙 찾기	134-137	
20				138-143	

초등학교 4학년 여름방학 4-2 예습 진도표

날 수	예습 날짜	영역	목차	교과서 쪽수진도표	확인
1				목차, 10-13	
2			1. 분수의 덧셈과 뺄셈	14-17	
3				18-21	
4		수와 연산		50-53	
5				54-57	
6			3. 소수의 덧셈과 뺄셈	58-61	
7				62-65	
8				66-69	
9				30-33	
10			2. 삼각형	34-35	
11				36-39	
12				40-41	
13		도형		78-83	
14			4. 사각형	84-87	
15				88-91	
16				118-123	
17			6. 다각형	124-125	
18				126-129	
19		자료와 가능성	5. 꺾은선 그래프	100-103	
20				104-109	

초등학교 4학년 겨울방학 5-1 예습 진도표

날 수	예습 날짜	영역	목차	교과서 쪽수진도표	확인
1				목차, 10–13	
2			1. 자연수의 혼합 계산	14–17	
3				18–19	
4				28–33	
5			2. 약수와 배수	34–37	
6				38–41	
7		수와 연산		66–69	
8				70–71	
9			4. 약분과 통분	72–73	
10				74–77	
11				86–89	
12			5. 분수의 덧셈과 뺄셈	90–93	
13				94–97	
14				98–101	
15		규칙성	3. 규칙과 대응	50–53	
16				54–57	
17				110–115	
18		도형	6. 다각형의 둘레와 넓이	116–121	
19				122–129	
20				130–135	

초등학교 5학년 여름방학 5-2 예습 진도표

날 수	예습 날짜	영역	목차	교과서 쪽수진도표	확인
1			1. 수의 범위와 어림하기	목차, 8-15	
2				16-23	
3				30-35	
4			2. 분수의 곱셈	36-39	
5		수와 연산		40-45	
6				76-81	
7			4. 소수의 곱셈	82-85	
8				86-89	
9				90-91	
10				52-57	
11			3. 합동과 대칭	58-63	
12				64-69	
13		도형		98-103	
14			5. 직육면체	104-107	
15				108-111	
16				112-115	
17				122-127	
18		자료와 가능성	6. 평균과 가능성	128-131	
19				132-135	
20				136-139	

초등학교 5학년 겨울방학 6-1 예습 진도표

날 수	예습 날짜	영역	목차	교과서 쪽수진도표	확인
1				목차, 10–13	
2			1. 분수의 나눗셈	14–17	
3				18–19	
4		수와 연산		50–53	
5			3. 소수의 나눗셈	54–57	
6				58–61	
7				62–65	
8				28–33	
9			2. 각기둥과 각뿔	34–37	
10		도형		38–41	
11			6. 직육면체의 부피와 겉넓이	118–123	
12				124–129	
13				74–77	
14		규칙성	4. 비와 비율	78–79	
15				80–81	
16				82–85	
17				94–95	
18		자료와 가능성	5. 여러 가지 그래프	96–99	
19				100–103	
20				104–107	

초등학교 6학년 여름방학 6-2 예습 진도표

날 수	예습 날짜	영역	목차	교과서 쪽수진도표	확인
1		수와 연산	1. 분수의 나눗셈	목차, 10-11	
2				12-15	
3				16-17	
4				18-21	
5			2. 소수의 나눗셈	30-33	
6				34-37	
7				38-41	
8				42-43	
9		규칙성	4. 비례식과 비례배분	72-75	
10				76-79	
11				80-81	
12				82-83	
13		도형	3. 공간과 입체	52-57	
14				58-61	
15				62-63	
16			5. 원의 넓이	92-95	
17				96-99	
18				100-103	
19			6. 원기둥, 원뿔, 구	112-115	
20				116-121	

참고 문헌

- 교육부 「초등학교 전학년 수학 교과서, 수학 교사용 지도서」
- 편집부 「중학교 전학년 수학 교과서, 수학 교사용 지도서」 천재교육
- 교육부 「수학과 교육과정」
- 편집부 「디딤돌 초등수학 기본+응용」 디딤돌교육
- 편집부 「디딤돌 최상위수학」 디딤돌교육
- 로버트 레이즈 외 「초등 교사를 위한 수학과 교수법」 경문사
- 남승인 외 「초등수학 교육론」 경문사
- 우정호 「수학 학습-지도 원리와 방법」 서울대학교 출판문화원
- 권대훈 「교육심리학의 이론과 실제」 학지사
- 백석윤 「수학 문제해결 교육」 경문사
- 에드워드 아인혼 「분수의 변신」 키다리
- 박경미 「박경미의 수학콘서트 플러스」 동아시아
- 이광연 「미술관에 간 수학자」 어바웃어북
- 로뱅 자메 「집 안에서 배우는 수학」 양문출판사
- 전위성 「엄마의 수학 공부」 오리진하우스
- 론 아하로니 「부모는 쉽게 가르치고 아이는 바로 이해하는 초등수학」 글담출판
- 조성실 「이야기와 놀이가 있는 수학시간」 교육공동체벗
- 최수일 외 「개념연결만화 수학교과서」 비아에듀
- 송재환 외 「100점 맞는 초등수학 공부법」 리수
- 이신애 「잠수네 아이들의 소문난 수학공부법」 알에이치코리아
- 정용호 「우리 아이 수학 고수 만들기」 행공신
- 고갑주 「교과서 읽기의 힘」 살림
- 박재원 외 「공부를 공부하다」 에듀니티

저자 김수희

'사람을 감동시키는 깊이'가 있는 현직 중등 수학 교사입니다. 고려대학교 수학과를 졸업하고 대학원에서 진로상담과 교육학을 공부했으며, 탁월한 교수·학습 지도로 표창장을 받기도 했습니다. 과학중점학교 초빙교사로 근무했으며 평가연구회에서 수학과 검토위원으로 활동했습니다. 초등 수학 교육 방법과 중등 수학과의 연결 과정을 연구하며 초등 수학 교육의 방향성 정립을 위해 계속 노력하고 있습니다.

네이버 블로그: https://blog.naver.com/lyergirl

초등생의 수학
학부모의 계획

초판 1쇄 발행 2021년 9월 15일
초판 4쇄 발행 2022년 12월 9일

지은이 김수희
발행인 박효상
편집장 김현
기획·편집 장경희, 김효정
본문·표지 디자인·조판 페이지트리
디자인 임정현
마케팅 이태호, 이전희
관리 김태옥

종이 월드페이퍼 **인쇄·제본** 예림인쇄·바인딩 | **출판등록** 제10-1835호
펴낸 곳 사람in | **주소** 04034 서울시 마포구 양화로11길 14-10(서교동) 3F
전화 02) 338-3555(代) **팩스** 02) 338-3545 **E-mail** saramin@netsgo.com
Website www.saramin.com

ISBN 978-89-6049-911-9 13370